すぐに役立つ　最新

知っておきたい！

不動産の売買・保有・賃貸・相続 のための税金の基本

公認会計士・税理士
武田　守 [監修]

三修社

はじめに

　土地や建物といった不動産は、衣食住の「住」を担うものとして、私たちが生まれてからずっと身近な存在です。一方で、不動産はマイホームなどのように一生で一番の高い買い物といわれることもあり、不動産の取引はより慎重に検討し判断して行う必要があります。

　また、このような高い買い物にはさまざまな局面で税金が発生します。もし、不動産に関する税金を知っていなければ、思わぬところで高い税負担が発生してしまうということにもなりかねません。したがって、税金がどの局面でいくら発生するのかを事前に知って十分な資金計画を行うため、そしてよけいな税金を負担することがないようにするためにも、税金の知識を備えておく必要があります。

　本書は、不動産取引で発生する税金を網羅的に説明した入門書です。具体的には、マイホームなどの購入・保有・売却を行う場合、事業として不動産を所有し賃貸経営を行う場合、そして不動産を相続や贈与によって取得した場合において、不動産に関するさまざまな税金や住宅ローン控除などの税金の優遇制度も説明しています。また、空家等対策特別措置法により規定されている特定空家等の固定資産税の取扱い、令和5年改正により新設された「管理不全空家等」の敷地についての固定資産税の取扱いなどについても解説しています。

　令和に入り、高齢化が一段と進み、団塊世代を中心として、不動産などの財産を次の世代へとシフト・引き継がなければならない時期に差しかかっています。本書では相続や贈与に関する税金についてページを多く割いて説明しており、暦年課税による生前贈与の加算対象期間等の見直しなどを定めた令和6年1月以降の新制度と令和6年度の相続税・贈与税の改正にも対応しています。

　本書をご活用いただき、皆様のお役に立てていただければ監修者として幸いです。

監修者　　公認会計士・税理士　武田　守

Contents

第5章　不動産を相続・贈与するときの税金

第6章　アパマン経営のための消費税・法人税の知識

第1章

不動産に関する
さまざまな税金の基本

1 不動産に関する税金の考え方の基本を知っておこう

支払能力や政策などによって、さまざまな税金が課されている

■■ どんなものがあるのか

　個人の場合、不動産に課せられる税金には約10種類ほどあります。これらは取得するときに課せられる税金、所有している期間にわたり課せられる税金、処分するときに課せられる税金など、課税されるタイミングで分類することができます。

　取得時に課せられる税金として挙げられるのが、不動産取得税や登録免許税、印紙税、消費税、相続税、贈与税です。所有している期間にわたっては、固定資産税や都市計画税がかかります。処分するときに負担を求められる税金が所得税や住民税などです。

　一方、法人の場合は上記の税金のうち、相続税、贈与税は発生しません。また、所得税の代わりに法人税が課せられます。

■■ 税金を課す場合の考え方

　まず、「支払能力を有している人に負担してもらう」という基準で課税されるのが、税金を考える上での前提になります。所得金額が大きい人や多くの資産を持っている人に、より多額の税負担を求める構図になっています。

　所得という基準で課税されるのが、所得税や法人税です。これらの税金は、「たくさん稼いでいる人により多く税金を負担してもらおう」という考えによるものです。

　所得税には、所得額が大きい人ほど税率が高くなる「累進課税制度」が採用されており、支払能力に重点を置いて課税されます。一方で、納税者の事情を加味したさまざまな控除（所得額や税額から差し

引く金額のこと）があります。控除額が大きければ大きいほど納税する金額は小さくなります。

　次に、「資産を基準にする」という考え方も大切です。資産を多く持っている人のほうがそうでない人より多くの税金を負担することができるという考えがもとになっています。不動産取得税や登録免許税、相続税などがこの考え方にのっとった税金です。

　しかし、前述した２つの基準による税金の徴収方法だけでは、税収入が安定しないというデメリットが生じます。そこでもう１つの基準として考えられたのが、消費という行為に対する課税です。消費は不景気の状況下であっても大きく変動することがないため、税収が安定します。

■ 課税に対する考え方とさまざまな税金・特例 ……………………

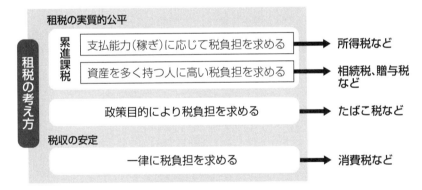

消費を基準として課せられる税金が、消費税です。消費税は所得額や所有資産に関係なく、消費に対して一律に課せられる税金です。税収が安定するというメリットがある一方で、低所得者にとっては負担が大きいというデメリットがあります。

所得や資産を基準に課せられる税金は、「応能負担」という考えに基づいています。「応益負担」という考えに基づいた税金として挙げられるのが、ガソリン税や自動車重量税です。「応益負担」とは、そのサービスを受ける人から費用を徴収する、という考え方です。たとえば、ガソリン税や自動車重量税の場合、道路建設の費用などに充当されます。

■■ 政策目的による特例などもある

支払能力があるからと言って、あまりにも大きな税負担を所得が大きな人に背負わせてしまうと、納税者の勤労意欲をそぐことになりかねません。資産を所有していることに対して課せられる税金にも同じことがいえます。したがって税金の徴収にはある程度の「配慮」も必要になります。

酒税やたばこ税は、税金を上乗せすることで価格を引き上げ、購入を抑制する意味で徴収されます。過度の飲酒や喫煙は健康を害するおそれがあるためです。酒税やたばこ税は「誘導」を目的にした税金であるということができます。

不動産にかかる税金も、しばしば「配慮」や「誘導」の意味で使われます。その代表とも言えるのが所得税の住宅ローン減税です。住宅取得のためのローン利用を活発なものにし、不動産の供給を促進するために行われた措置です。住宅ローン減税以外にも、一定の土地や住宅について固定資産税や都市計画税を軽減する措置があります。

また、買換えを促進するために、住宅を譲渡した際に生じた譲渡損失を繰り延べる措置も設けられています。

2 不動産に関連する税金について知っておこう

不動産にかかる税金は金額が大きく、経済にも多くの影響を与える

■■ 取得段階でかかる税金

　不動産を取得すると、不動産取得税、登録免許税、印紙税など、さまざまな税金の支払いが必要です。

　不動産取得税は、不動産を取得することができる＝税金の支払能力があるとみなされることで課されます。支払先は国ではなく都道府県になります。不動産を持つこと、あるいは持ち主が変わったことを登記する（公式に示す）ために課される税金が登録免許税です。また、契約書に貼付する印紙には、印紙税がかかります。登録免許税・印紙税は国に納められます。

　さらに、不動産の取得には消費税も課税される場合があります（ただし、土地に対する消費税は非課税）。課税対象となる不動産取引は金額が大きいので、支払う消費税額も大きな負担となります。消費税の納税義務者は、売主のため、消費税が課税されるかどうかは、売主側が事業として売却しているかどうかにより変わってきます。たとえば、個人が事業以外の目的で建物を売却する場合には消費税はかかりません。

■■ 相続税や贈与税がかかる場合

　不動産の取得方法には自分で新たに取得する他に、相続や遺贈（遺言によって遺産の全部または一部を与えること）によるものがあります。相続や遺贈によって不動産を取得した場合には相続税の課税対象となります。現金で相続や遺贈を受け、その現金で不動産を取得した場合も同じ扱いとなります。また、個人から不動産をもらった場合に

は、贈与税の課税対象となります。

■■ 固定資産税が発生する場合

　固定資産税は一定以上の大きさを持つ資産を保有していることに対して課せられる税金です。不動産も課税の対象となり、その不動産が都市計画区域内にある場合は都市計画税の課税対象にもなります。

　しかし、固定資産税・都市計画税の課税対象となるのは、その不動産をいつでも売却できることが前提になります。いつでも売却できるわけではない自宅については課税を軽減する措置がとられています。

■■ 譲渡所得が発生する場合

　不動産を取得したときよりも高い価格で処分した場合、売却益が発生します。この売却益も課税対象となりますが、軽減措置（税率の引き下げなど、納税者の負担を軽減する取扱いのこと）を受けることができる場合があります。

■■ 不動産所得が発生する場合

　自分が所有している不動産を他人に賃貸して得た利益が、不動産所得です。不動産所得のうち課税の対象となるのは、収益から必要経費を差し引いた部分になります。また、給与所得や譲渡所得などと合わせて所得控除（所得税額の計算の際、納税者の個人的事情を考慮して所得の金額から差し引く金額のこと）も受けることができます。

■■ 法人設立をめぐる規制

　事業を行うには個人事業という形態で行う場合と法人として行う場合の2パターンがあります。株式会社などの法人設立は簡単に行えるようになっていますが、法人組織にすることによる節税方法には一定の規制がかかるようになっています。

とくに、元々個人が所有していた土地について、法人を設立し、法人名義で使用する場合には注意が必要です。この場合の貸付が無償で行われていた場合、対価の支払いを免れているために法人に税金の支払能力があるとみなされ、税金を多く課せられるケースがあります。

■■ 住宅の供給を促す税制

　税金は国の収入源であると同時に、経済政策としての一面を持っています。不動産にかかる税金は多額にのぼるため、とくに政策を実現するために効果的です。

　不動産取引の量は経済に影響を与えます。とくに住宅の流通量が景気に与える影響は大きなものとなります。住宅の購入が増加するとそれに伴って家具や電化製品、移動手段としての自動車など、さまざまなものが購入され、消費が増えることになります。住宅の購入を促進するための住宅ローン減税等はこのような経済効果を狙って行われるものです。

■ 不動産の取得・保有・事業経営・売却と税金の種類 …………

不動産の課税（資産を多く持っているほど、資産価値が高い程課税額が高くなる）

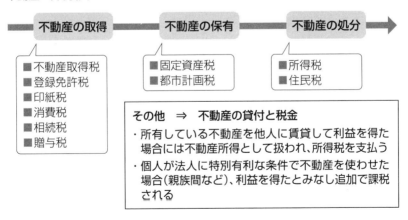

Q 不動産を売買する際には届出が必要な場合などもあると聞きました。売買の際の手続きや不動産を購入する際のチェックポイントについて教えてください。

A 不動産とは、土地とその上に建っている建物のことです。

一口に土地といっても、田畑などの農地や山林のような土地から家屋を建築するために整備された宅地のような土地まで、さまざまな種類の土地があります。マイホームや賃貸マンションなどを建築するための土地は一般的に宅地と呼ばれています。宅地以外の土地を整備して宅地にすることもできますが、役所の許認可などが必要になるため、家を建てるには不向きだといえます。

さらに、土地の状況も考える必要があります。たとえば、湿地などの地盤が不安定な土地や、農地や市街化調整区域（建物の建築が制限される地域）の土地では、建物の建築は不適切です。

不動産は、動産と比べて一般的に高額であるため、購入する際に慎重に手続きを進める必要があります。

もし、何の法律的知識もないまま売買契約の相手方に手続きのすべてをまかせてしまうと、購入代金をだましとられたり、建築には不適切な不動産を購入してしまったりなど、望んだとおりの不動産が手に入らないといったトラブルも起こりかねません。そのため、不動産に関する知識を備えて、不動産の所在地、面積、所有者などを記録した登記事項証明書の見方なども知っておく必要があるのです。

不動産を購入する場合、必ず現地に行って購入する不動産を自分の目で確認することです。図面ではわからなかった土地の起伏や周りの環境を確認することができます。また、建築基準法上問題がある建物、抵当権や他人の権利がついた土地など目に見えない部分に問題がある場合もあります。登記事項証明書や公図で場所を確認し、地積測量図がある場合には地積についても確認する必要があります。

■ 不動産購入手続きの主な流れ ……………………………………

```
┌─────────────────────────────────────┐
│        不動産購入計画を立てる              │
└─────────────────────────────────────┘
```

・土地であれば、場所などを特定する
・建物であれば、新築にするか中古にするか、
　また戸建てにするか集合住宅（マンション等）
　にするか決める
・購入可能な予算を見積もる
・住宅ローンの種類やしくみを調べる

```
┌─────────────────────────────────────┐
│    購入物件を特定し、物件の情報を収集する      │
└─────────────────────────────────────┘
```

・折込みチラシやWEBサイトなどで物件を探す
・現地や展示場に行ってみる
・周辺環境や立地条件などを確認する
・関係法令などを調べる

```
┌─────────────────────────────────────┐
│    不動産業者（宅建業者）を確認する          │
└─────────────────────────────────────┘
```

・業者名簿などで不動産業者を調べる

```
┌─────────────────────────────────────┐
│   不動産についての重要事項の説明を受ける      │
└─────────────────────────────────────┘
```

・不動産に欠陥がないか調べる
・気になる点があれば確認する
・重要事項説明書の交付を受ける

```
┌─────────────────────────────────────┐
│        不動産売買契約を結ぶ              │
└─────────────────────────────────────┘
```

・契約書の内容を確認する
・購入代金の支払方法を決める
・引渡時期と所有権移転登記について確認する
・手付金を支払う

```
┌─────────────────────────────────────┐
│   金融機関などに住宅ローンを申し込む         │
└─────────────────────────────────────┘
```

・融資条件を確認する
・書類をそろえて申し込む

```
┌─────────────────────────────────────┐
│     不動産の引渡しと登記を受ける           │
└─────────────────────────────────────┘
```

・代金（残代金）と引換えに不動産の引渡しを受ける
・所有権移転登記が行われたかを確認する

●届出が要求される場合もある

　土地売買は、本来自由に行うことが可能なはずですが、国土利用計画法では、適正かつ合理的な土地利用を達成するために、一定面積以上（たとえば市街化区域では2,000㎡以上）の土地売買については、契約後2週間以内に買主が売買価額と利用目的を都道府県知事などに届け出ることになっています。そして、売買される土地の利用目的が周辺地域の土地利用に対して著しく支障を生じさせると判断された場合、利用目的などの変更が勧告されます。国土利用計画法では土地の取引に伴って地価が高騰することを抑制するため、都道府県知事が土地取引に行政介入することを認めています。

　また、注視区域（相当な程度を超えて地価の上昇が見込まれる地域）などの土地については、土地売買などの契約を締結する前にも都道府県知事への届出が必要とされています。

■ 購入する不動産をチェックする主なポイント ……………………

| ① 売主に不動産の所有権があるか |
| ② 抵当権や貸借権など他人の権利がついていないか |
| ③ 建築基準法などに違反していないか |
| ④ 建物の建築が制限されていないか |
| ⑤ 事前の説明や図面と現況に食い違いはないか |

登記事項証明書、公図などで確認する他、
現地を実際に見て確認する

第2章

不動産を
取得・保有するときの税金

1 不動産取得時の税金について知っておこう

不動産取得税・印紙税・登録免許税などがある

■■ 不動産取得税とは

　不動産取得税は、不動産（土地や建物）を買った場合や建物を建てた場合に、その土地や建物を取得した人に対して課される税金です。たとえ取得した土地や建物が登記されていなくても、不動産取得税の課税対象となります。毎年納税する必要のある固定資産税や都市計画税とは異なり、不動産取得税は新たに不動産を取得した時の1回だけ税金を納めます。

　不動産取得税が課税される場合に基準となる不動産の価格は、実際に購入した価格ではなく、固定資産課税台帳に登録されている固定資産税評価額です。ただ、新築の建物の場合など、この固定資産課税台帳に固定資産税評価額が登録されていない場合があります。そのような場合には、都道府県知事が価格を決定することになっています。この計算は、国（総務大臣）が定める固定資産評価基準に基づいて行われます。

　不動産取得税の具体的な金額については、取得した不動産の固定資産税評価額（課税標準額）に税率を掛けて算出されますが、実際には一定の不動産については要件を満たせば税額を優遇する特例が適用されます。

■■ 税率や課税標準と主な軽減措置

　不動産取得税には複数の減税効果のある軽減措置が設定されています。計算にあたり必要な税率や免税金額等は次のとおりです。

① 税率や課税標準

　不動産取得税の税率は原則４％です。ただし、平成20年（2008年）４月１日から令和９年（2027年）３月31日までに取得する土地および住宅用の家屋については３％となり１％軽減されます。税率を掛ける土地・家屋の価格（課税標準額）は、原則として、取得時の固定資産課税台帳に登録されている固定資産税評価額です。ただし、宅地等の土地については、令和９年３月31日までに取得した場合は、課税標準額は、固定資産税評価額の２分の１になります。

② **不動産取得税が免税となる金額**

　土地の場合で、課税標準額が10万円未満のときは、不動産取得税は課税されません。また、新築、増築、改築による家屋建築の場合は課税標準額が23万円未満のとき、売買、贈与、交換などの方法で取得した家屋の場合は12万円未満のときには税金が免除されます。なお、不動産を相続によって取得した場合も、不動産取得税はかかりません。

③ **主な軽減措置**

　不動産取得税についても一定の要件を満たす場合には特例が適用されます。たとえば、新築住宅を建築または購入により取得した場合、「特例適用住宅」の基準を満たすと、課税標準額から1,200万円が控除されます。特例適用住宅の基準は、住宅の床面積が50㎡以上240

■ **不動産取得税の内容と税額の算出方法** ……………………………

内　　容	不動産を購入した場合や建物を建てた場合に、その土地や建物を取得した人に課される税金。毎年納税するのではなく、取得時の１回だけ納税する。
算出方法	固定資産税評価額 × 税率（ただし、軽減措置あり）
税　　率	平成20年４月１日から令和９年３月31日までに取得した場合の税率は以下のとおり 土地、住宅用家屋 ➡ 3%　　　住宅以外の家屋 ➡ 4%

㎡以下（ただし、貸家である共同住宅の場合は貸室1室につき40㎡以上240㎡以下）というものです。

この住宅用家屋が建っている土地についても、不動産取得税に対する軽減措置が設けられています。前ページで説明したように、令和9年3月31日までに土地を取得した場合は、固定資産税評価額の2分の1の額をその土地の課税標準額として計算できる他、ⓐ45,000円とⓑ土地の1㎡あたりの固定資産税評価額×1/2×住宅の床面積の2倍（200㎡が限度）×3％のいずれか大きい方の金額を軽減額として税額より差し引くことができます。

また、耐震基準に適合している中古住宅である「耐震基準適合既存住宅」を取得した際も、課税標準額から一定額が控除されます。控除額は中古住宅が新築された時期に応じて定められており、100万円〜最大1,200万円までの控除を受けることができます。

この特例を受けるためには、中古住宅が新耐震基準に適合していること、居住のために取得したものであること、床面積が50㎡以上240㎡以下であることなどの要件を満たす必要があります。

■ 不動産取得税の税額計算の仕方

不動産取得税は、軽減措置によって一部の計算方法が変わります。特例適用となる条件の新築住宅の具体的な税額を計算してみます。

住宅：床面積120㎡、固定資産評価額1,000万円（新築住宅）

土地：面積180㎡、固定資産評価額1,800万円

住宅についての税額は、軽減なしの場合は、1,000万円×3％＝30万円となりますが、特例を適用した場合、（1,000万円－1,200万円）×3％＝0円となります。土地については、軽減なしの場合、（1,800万円×1/2）×3％＝27万円となりますが、軽減措置を適用した場合は、（1,800万円×1/2）×3％－軽減額30万円で、0円となります。住宅と土地をあわせた減税額は、30万円＋27万円＝57万円となります。

Q 印紙税はどのような場合に必要になるのでしょうか。印紙税を節約する方法はあるのでしょうか。

A 印紙税は、消費税などと違って、なじみのない税金かもしれません。印紙税というのは文書にかかる税金で、契約書などの文書に収入印紙を貼付することにより印紙税を納めていることになります。ただし、すべての文書に印紙税がかかるわけではありません。たとえば、課税文書の代表例として領収書が挙げられますが、通常、買い物をして領収書をもらっても収入印紙が貼ってあることはあまりないはずです。これは一定金額まで印紙税を免除する非課税限度額があるからです。印紙は国へ税金や手数料を支払ったことを証明するものです。印紙が貼付されていなくても契約自体は有効です。ただ、印紙税法上は脱税として扱われてしまいます。印紙税が発生するのは主に以下の文書を作成した場合です。

① 1万円以上の不動産の売買契約書・金銭消費貸借契約書など

② 10万円以上の約束手形または為替手形

③ 5万円以上の売上代金の領収書や有価証券の受取書など

それぞれ契約書などの記載金額や領収金額によって印紙税額が決まっています。

印紙税の課税対象となる文書に所定の収入印紙を貼らなかった場合には、その課税文書の作成者に対し、ペナルティとしてその貼るべき印紙税額の3倍相当額の過怠税という税金が課されます。なお、収入印紙には、貼付した箇所と紙との境目に消印をします。これを怠った場合にも、印紙税額相当の過怠税が課されます。

一方、印紙税の必要のない文書に誤って印紙を貼ってしまった場合や印紙税の額を超える印紙を貼ってしまったというような場合は還付が受けられます。還付を受けるには、必要事項を「印紙税過誤納確認申請書」に記入して、納税地の税務署に提出しなければなりません。

●印紙税を節約するには

　契約書や領収書には当然金額を記載しますが、その際に消費税や地方消費税は区分して記載するようにします。というのは、消費税を記載金額に含めてしまうと、消費税込みの総額で印紙税の金額が判断されてしまうからです。たとえば、消費税率10%で税込み53,900円という売上代金の領収書の場合には200円の印紙税がかかります。

　しかし、消費税額が明確に区分記載されていれば、印紙税法上の記載金額には含めないことになっていますので、消費税分については印紙税がかかりません。前述した例の場合、本体49,000円、消費税および地方消費税4,900円と記載すれば印紙税は非課税となります。

　なお、金額を税込み53,900円で書いて「消費税および地方消費税10%を含む」という書き方は区分表示とはみなされませんので、具体的な消費税額の金額を記載することが必要です。また、不動産売買契約書などの契約書は、同じものを2通以上作成して当事者が保管することになっていますが、2通作成すれば、それぞれの契約書に印紙税がかかります。このような場合、契約書を1通だけ作成し、署名捺印済みのものを必要な分だけコピーをとります。コピーは契約書ではないので、印紙税はかかりません。このコピーに署名押印すると、コピーではなく契約書になりますから、印紙税がかかってしまいます。

　現在では、メールやFAXなどをビジネスに利用する機会が多いです。印紙税は課税文書である「紙」に対して課税されますので、メールやFAXそれだけでは課税されないことになります（署名や押印を加えれば課税文書となります）。

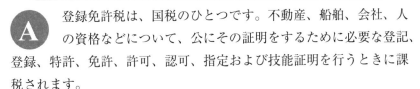

Q 登録免許税はどのような場合に必要になるのでしょうか。軽減の特例措置についても教えてください。

A 登録免許税は、国税のひとつです。不動産、船舶、会社、人の資格などについて、公にその証明をするために必要な登記、登録、特許、免許、許可、認可、指定および技能証明を行うときに課税されます。

たとえば、不動産を購入して登記をする場合には、登録免許税がかかります。登録免許税は、登記などを受けることによって第三者に対して公示ができるという利益に着目して課税される税金です。

また、融資を受ける場合には、多くの場合不動産を担保に提供するため抵当権の設定登記を行いますが、そのときにも登録免許税が課税されます。不動産については、自分で購入する以外にも、相続や贈与などによって所有権が移転する場合があります。その際にも登記を行いますから、登録免許税が課されます。

登録免許税を納めなければならないのは、登記や登録等を受ける人です。税額は、不動産の所有権の移転登記などのように不動産の価額に一定税率を掛けるもの、商業登記の役員登記のように1件あたりの定額になっているものなどまちまちです。

登録免許税の納付は、原則として銀行などの金融機関に現金納付、あるいはインターネットバンキングなどの電子申請により納付します。ただし、税金が3万円以下の場合には、申請書に収入印紙を貼付して納めることができます。

●**登録免許税の税率の基準**

不動産の登録免許税の金額は、課税標準額（税額を算定する上で基準とする金額のこと）に、税率を掛けて算出します。課税標準額は、新築による建物の所有権の保存登記や、売買や贈与等による土地・建物の所有権の移転登記では、登記される土地・建物の固定資産税評価

額になります。

　登記を行う時点での不動産の価値は、本来であれば、その時点での時価が課税標準額になります。しかし、権利関係を一般に示す（公示する）不動産登記は、迅速に処理しなければならないにもかかわらず、その時点の正確な時価の算定は困難であることから、登記までに時間がかかってしまいます。そこで、登記を申請する日を含む年の前年にあたる12月31日現在（あるいは、登記を申請する日を含む年の1月1日現在）の、固定資産課税台帳に登録されている固定資産税評価額が、課税標準額として用いられています。

　抵当権の設定登記の場合は、課税標準額は債権金額の総額です。

　適用される税率は、以下のとおりです。

① 　新築した建物の所有権の保存登記は0.4%

② 　売買、贈与、交換、収用、競売等による土地・建物の所有権の移転登記は2.0%

③ 　相続や、法人の合併による土地・建物の所有権の移転登記は0.4%

④ 　共有物の分割による土地の所有権の移転登記は0.4%

⑤ 　抵当権の設定登記は0.4%

　特例として、登録免許税の軽減措置がとられています。平成25年4月1日から令和9年3月31日までは、売買による土地の所有権の移転登記は1.5%です。

　建物については、令和9年3月31日までの措置として、自分の居住用の、床面積50㎡以上の家屋は、所有権の保存登記・移転登記、抵当権の設定登記の登録免許税が軽減されています。ただし、中古住宅の場合は、築後25年以内（木造は20年以内）のものであるか、一定の耐震基準に適合しているものであるか、あるいは、既存住宅売買瑕疵保険に加入している一定の中古住宅でなければなりません。

　具体的には、以下のように税率が軽減されています。

① 　新築住宅の保存登記で0.15%

② 中古を含めた住宅の移転登記（売買と競売のみ）で0.3%

③ 抵当権の設定登記で0.1%

　また、④特定認定長期優良住宅や⑤認定低炭素住宅の新築等の保存・移転登記、⑥特定の増改築等がされた住宅用家屋の移転登記については、同じく令和9年（2027年）3月までの措置で、税率は0.1％に軽減されています。

●登記の際にかかるその他の費用

　不動産の登記は司法書士に依頼するのが通常ですが、その場合、司法書士報酬がかかってきます。司法書士や物件によって、報酬額は異なります。

　一般的な相場としては、所有権保存登記または所有権移転登記と抵当権設定登記とのセットで、5万円前後かそれ以上のようです。

　その他に、司法書士の日当、交通費、立会費用などもかかってきます。合計額では、10万円前後か、それにプラスアルファ程度を見込んでおくとよいでしょう。

■ 登録免許税が課されるとき ………………………………………

> 不動産を購入したとき、相続・贈与を受けたとき

> 会社の設立・増資をしたとき

> 特許権・実用新案権・意匠権・商標権を登録するとき

> 弁護士・税理士・医師・歯科医師などの資格を登録するとき

> 旅館業や建設業などの許認可事業の登録などを行うとき

2 マイホームに関する税金にはどんなものがあるのか

購入時だけでなく購入後もいろいろな税金がかかる

▓▓購入時にはどんな税金がかかるのか

　住宅を購入したときには、不動産取得税（20ページ）、印紙税（23ページ）、登録免許税（25ページ）など、さまざまな税金がかかります。

　不動産取得税は、文字通り、住宅を取得したことに対してかかる地方税です。登録免許税は、取得した住宅を登記する際にかかる国税です。住宅ローンの設定など、融資を受ける場合には、不動産を担保に提供して抵当権の設定登記を行いますが、その際に登録免許税が課税されます。また、相続や贈与などによって不動産の所有権が移転する場合がありますが、その際にも登記を行いますから、登録免許税が課されることになります。

　印紙税は売買契約書や、住宅ローンの契約書（金銭消費貸借契約書）にかかる国税です。印紙税については、契約書は、通常、2通作られますので、それぞれに収入印紙を貼る必要があります。売買契約書の場合は、買主と売主が1通ずつの印紙代を負担するのが一般的です。たとえば3,000万円の住宅を売買すると2万円（ただし軽減措置の適用で売買契約書を平成26年（2014年）4月から令和9年（2027年）3月までに作成する場合には1万円）の収入印紙を貼らなければなりません。

▓▓購入後にはどんな税金がかかるのか

　住宅を購入した後にかかる税金には、固定資産税、都市計画税があります。これは、家を手放すまで、毎年かかる税金です。

　固定資産税は、住宅や土地を持っていることに対して課せられる地

方税で、市町村に納めます。課税額は、課税標準額の1.4％となっていますが、市町村の判断でこれを上回る税率を設定することも許されています。また、住宅取得の促進策として、新築の場合、戸建は3年、マンションは5年間、課税額を半額にする軽減措置があります。

　住宅を他の人から購入した年の固定資産税は、買主と売主が日割で負担するのが実務上の慣行となっています。ただ、法的には固定資産税は、その年の1月1日現在の所有者が1年分を納付する決まりになっています。そこで、実際はいったん売主が1年分の税金を負担し、買主は住宅の所有権が移った日からその年の12月31日までの固定資産税相当額を売主に支払うことになります。

　都市計画税は、地方税法に基づいて、市町村が都市計画区域内の建物や土地に課すことができる税金です。課税標準額の0.3％が課税されます。都市計画区域内でなければ、課税されないのですが、都市計画区域は、ほとんどすべての自治体で導入されています。東京23区では、東京都が課税します。

■ 住宅の購入時、購入後にかかる主な税金 ……………………………

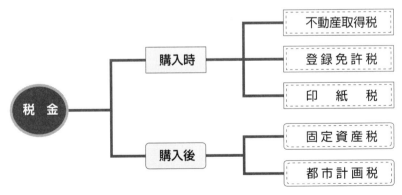

Q 住宅ローンは長期間の返済になるので、事前に知識がないと正直不安です。実際に、住宅ローンを組む前にどんなことを知っておけばよいでしょうか。ローン以外の税金や諸費用についても教えてください。

A 「家を手に入れる」というのは、人生のうちで最も大きな買い物になります。しかし、数千万円から数億円の購入費用を現金で出せる人は、そうたくさんはいません。ほとんどの人は、金融機関でお金を借りて、購入した家に住みながら、毎月少しずつ長期にわたって返済するのが普通です。「住宅ローンを組む」ということは、このように金融機関から家を購入するためのお金を借りることをいいます。

　住宅ローンは、銀行や信用金庫、信用組合、農業協同組合（JA）、預金・貸出業務を行っている金融機関の他、生命保険会社、モーゲージバンクなどの一部も取り扱っています。また、住宅金融支援機構という政府が全額出資している金融機関が一般の民間の金融機関と協力し合って融資する「フラット35」といったローン商品を出しています。財形住宅融資といった公的な住宅ローンもあります。住宅ローンを組むには、さまざまな条件があります。購入物件、借入れをする時の年齢、年収、勤続年数、融資限度額、借入金利、返済期間などです。これらの融資基準は、金融機関によって違います。

■ **住宅ローンの主な種類** ………………………………………

金融機関の住宅ローン	変動金利、固定金利、固定金利選択型と金利の種類が豊富。
フラット35	最長35年の固定金利ローン。同じフラット35でも、取り扱う金融機関によって金利が異なってくる。
財形住宅融資	財形貯蓄を行っている人専用のローン。5年固定金利型。申込時点で金利が決まるのが特徴。

●どの金融機関でローンを組むかは金利だけで考えない

　住宅ローンは長期間の返済になることから、住宅購入時にきちんとした資金計画を立てることが大切です。無理のない「返せるローン」を考えるためには、住宅のこと、ローンのことだけを考えるのではなく、ライフプラン全体を考えることが必要です。ライフプランというのは将来どのような人生を送りたいのかというプランのことです。「こんな自宅に住みたい」「子どもの進路はこうしたい」「どこどこへ旅行するなど余暇を楽しみたい」「何歳になったら退職する」などです。住宅ローンの返済額は、借入金額、金利、返済期間の３つで決まります。この３つの要素を工夫し、少しでも毎月の返済額を少なくしたいところです。ただし毎月返済額だけにとらわれてもいけません。総返済額はいくらになるのかという視点も大事です。変動金利のローンや金利を固定している期間が短いローンを利用している場合は、金利が今後高くなっていくかもしれないという可能性などもふまえながら、毎月返済額と総返済額とを試算していくことが大切です。

　住宅購入後は住宅ローンの返済以外にも、固定資産税やマンション管理費などの住宅に関連する支出が発生します。購入後の事情もふま

■ ローンを選ぶときのチェックポイント …………………………………

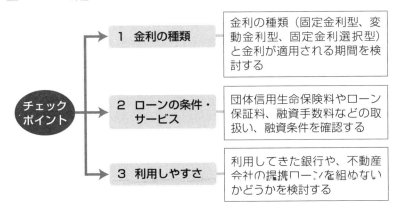

えて「借りられるローン」ではなく、自分の身の丈にあった「返せるローン」を考えていく必要があるといえます。

●住宅の購入と税金、その他の費用

本来であれば、住宅という財産を保有することができる人に対しては、多額の税金をかけるというのが、能力に応じた税負担という考え方に沿うのかもしれません。

ただ、住宅は多くの人にとって生活の基盤ということもあり、取得や保有が負担にならないように、多くの減税措置が設けられています。

住宅ローン控除（33ページ）や譲渡損失の損益通算・繰越控除（39ページ）、住宅を売って売却益を得た際の3,000万円控除（63ページ）などがその例です。

また、下図のように事務手数料や登記費用も必要になりますので、念頭に置いておくとよいでしょう。

■ ローンを組む際に必要になる費用 ……………………………………

必要な費用	注意点
印紙税	金銭消費貸借契約書に印紙を貼りつける
保証料	保証会社などから保証を受ける場合に必要になる
事務手数料	ローンの手続を行うにあたって金融機関等に支払う料金
抵当権設定登記費用	登録免許税及び司法書士に支払う報酬
団体信用生命保険料	借主の死亡時などに残債務を保険金でまかなうための生命保険加入料。 民間ローンの場合、金利に含まれているのが一般的
火災保険料	火災保険への加入が義務付けられている

3 住宅ローン控除について知っておこう

最大で13年間にわたり合計約400万円程度の税金が戻ってくる

■■ 住宅ローン控除とは

　住宅ローン控除とは、住宅ローンの残額に応じて、所得税、住民税を控除する制度で、住宅取得を促進するための制度です。具体的には、令和4年1月から令和7年12月までに入居した場合に、新築住宅（買取再販を含む）は13年間、中古住宅は10年間、住宅ローンの年末の残額の0.7％が所得税額から控除されます。なお、贈与された住宅や、生計を一にする親族から取得した住宅等については、住宅ローン控除を適用することができません。

　控除できる住宅ローンの年末の残高には限度額があり、住宅の内容により次のとおりになっています。

（新築住宅）
・長期優良住宅・低炭素住宅：4,500万円
・ZEH水準省エネ住宅：3,500万円（ZEHとは、ネット・ゼロ・エネルギー・ハウスの略で省エネ基準の一つ）
・省エネ基準適合住宅：3,000万円
・その他の住宅：2,000万円

（中古住宅）
・長期優良住宅・低炭素住宅、ZEH水準省エネ住宅、省エネ基準適合住宅：3,000万円
・その他の住宅：2,000万円

　上記の他、令和6年度税制改正により令和6年に入居した場合に限

り、子育て世帯（18歳以下の扶養親族を有する者）または若者夫婦世帯（自身もしくは配偶者のいずれかが39歳以下の者）に対する借入限度額について、新築の長期優良住宅・低炭素住宅は500万円、新築のZEH水準省エネ住宅及び省エネ基準適合住宅は1,000万円が上乗せされます。また、新築住宅の床面積要件について、合計所得金額1,000万円以下の者に限り40㎡に緩和されます。

　この場合の借入限度額は次のとおりになります。

（令和6年に入居した子育て世帯または若者夫婦世帯の新築住宅）
・長期優良住宅・低炭素住宅：5,000万円
・ZEH水準省エネ住宅：4,500万円
・省エネ基準適合住宅：4,000万円
・その他の住宅：2,000万円（変更なし）

　さらに、この住宅ローン控除は住宅のリフォームなどにも利用することができます。控除を受けるには、住宅、年収、ローンについてさまざまな条件を満たす必要があります。

　住宅については、①床面積が50㎡以上（一定の場合は40㎡以上）であること、②中古住宅は築後20年以内（マンションなどの場合は25年以内）であること、または一定の要件を満たした耐震住宅であること、③増改築した場合には工事費用が100万円を超えており、その半分以上が居住用部分の工事であること、④店舗併用住宅の場合には床面積の半分以上が居住用になっていること、などが条件となっています。

　年収、ローンの内容に関する主な条件は、以下のようになります。
ⓐ　返済期間が10年以上であること
ⓑ　自分が住むための住宅取得であること
ⓒ　合計所得金額が2,000万円以下（一定の場合は1,000万円以下）であること

ⓓ　生活を共にしている親族などから購入した物件ではないこと

ⓔ　物件を取得してから 6 か月以内に住み始め、控除を受ける年の年
　　末に実際に居住していること

■■ どんなメリットがあるのか

　たとえば、令和 6 年に子育て世帯が新築の長期優良住宅に入居した
ケースでは、最大で13年にわたって借入金残高×0.7％の住宅ローン
控除を利用することができます。つまり、仮に適用期間である13年間
にわたり、年末のローン残高が5,000万円以上あったとすると、合計
で455万円（35万円×13年）の税額控除を受けることができます。

■■ どんな手続きが必要なのか

　住宅ローン控除を受けるには、確定申告をする必要があります。申
告は、入居した翌年の確定申告期間（ 2 月16日〜 3 月15日）の間に行
わなければなりません。また、控除を適用する最初の年と 2 年目以降
では手続きが変わります。住宅ローン控除を受ける最初の年は、確定
申告書に（特定増改築等）住宅借入金等特別控除額の計算明細書、売
買契約書の写し、住民票の写し、家屋の登記事項証明書、借入金の年

■ 住宅ローン控除のしくみ ……………………………………………

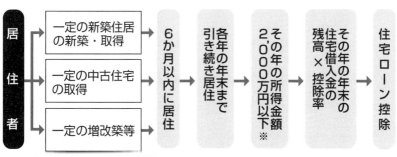

※一定の場合は 1,000万円以下

末残高等証明書などの書類を添付する必要があります。なお、国税庁のホームページを通じて、電子申告（e-Tax）により確定申告書の作成や提出をすることもでき、この場合は税務署まで出かける手間がかかりません。

　適用2年目以降は、確定申告書に（特定増改築等）住宅借入金等特別控除額の計算明細書と借入金の年末残高等証明書を添付するのみとなります（e-Taxで確定申告をする場合には、借入金の年末残高等証明書の添付は省略）。

　適用2年目以降の給与所得者は、年末調整のための（特定増改築等）住宅借入金等特別控除証明書、給与所得者の（特定増改築等）住宅借入金等特別控除申告書、借入金の年末残高等証明書を勤務先に提出すれば、年末調整によって住宅ローン控除を受けることができるため、この場合は確定申告が不要になります。

■ **住宅ローン減税制度の概要（入居日が令和6年または令和7年の場合）**

新築／中古	区分	借入限度額	控除期間／控除率
新築	長期優良住宅・低炭素住宅	4,500万円 ※1	13年／0.7%
	ZEH水準省エネ住宅	3,500万円 ※1	13年／0.7%
	省エネ基準適合住宅	3,000万円 ※1	13年／0.7%
	その他の住宅 ※2	2,000万円	10年／0.7%
中古	長期優良住宅・低炭素住宅 ZEH水準省エネ住宅 省エネ基準適合住宅	3,000万円	10年／0.7%
	その他の住宅	2,000万円	10年／0.7%

※1 令和6年度税制改正により令和6年に入居した場合に限り、子育て世帯（18歳以下の扶養親族を有する者）または若者夫婦世帯（自身もしくは配偶者のいずれかが39歳以下の者）に対する借入限度額について、新築の長期優良住宅・低炭素住宅は500万円、新築のZEH水準省エネ住宅及び省エネ基準適合住宅は1,000万円が上乗せされる

※2 令和5年12月までに建築確認を受けたものまたは令和6年6月までに建築されたものに適用される

■■ 住民税からも住宅ローンが一部控除される

　住宅ローン控除は、住民税も控除の対象になります。ローンの控除額が所得税を上回ってしまった場合です。この場合、所得税では控除できなかった部分が翌年分の住民税から控除されます。

　ただし、住民税の控除にも上限が設けられています。前年分の所得税の課税所得×7％までで、最大13万6,500円までとなっています。

■ 住宅ローン控除の主な要件 ……………………………………

	注意点
ローン	・返済期間が10年以上のローンであること ・自分が住むための住宅の購入や新築であること ・工事費100万円以上の大規模な修繕・増改築、マンションのリフォームであること
入居者	・住宅を取得してから6か月の間に入居していること ・入居した年の前後2年間に3,000万円の特別控除の特例や特定の居住用財産の買換え特例を受けていないこと ・その年の合計所得金額が2,000万円以下（一定の場合は1,000万円以下）であること
住宅	・登記簿上の床面積が50㎡以上（一定の場合は40㎡以上）であること ・中古住宅の場合、築20年（マンションなどの耐火建築物については築25年）以内の建物、または一定の耐震基準を満たす建物であること
必要書類	・売買契約書や請負契約書 ・土地や建物の登記事項証明書 ・住民票 ・源泉徴収票 ・ローンの年末残高証明書 ・確定申告書 ・住宅借入金等特別控除額の計算明細書

4 住宅ローン控除の計算をしてみよう

住宅ローン控除は景気対策の一環で、住民税から控除されることもある

■■ 住宅ローン控除の計算例

　住宅ローン控除は、住宅ローンの年末残高に応じて税額から控除し、所得税を軽減する制度です。景気対策の一環として導入されたもので、正式名称は「住宅借入金等特別控除」といいます。この制度の適用を受けるための主な要件は、以下のとおりです。

①　住宅の新築や取得から6か月以内に居住し、適用を受ける年の12月31日まで引き続いて居住していること

②　50㎡以上の新築・新築住宅の取得・中古住宅の取得・増改築である（一定の住宅等の取得の場合は40㎡以上）こと

③　控除を受ける年の所得が2,000万円（一定の場合は1,000万円）を超えないこと

　令和7年12月までに当該住宅に居住した場合は、その年の12月31日時点の住宅ローン残高の0.7%が所得税額から控除されます（33ページ）。

　住宅ローン残高×控除率よりも所得税額のほうが小さいため控除しきれない場合は、翌年度の住民税から控除することができます。所得税の控除を受けた申告のデータは市町村においても把握できるようになっているため、住民税の控除を受ける際の特別な手続申告は不要です。具体的な計算方法（子育て世帯でも若者夫婦世帯でもない場合とする）は以下のようになります。

・ローン残高5,000万円・ローン控除前の所得税額45万円の場合

　控除対象ローン残高　4,500万円（長期優良住宅の場合）

　所得税控除額　31万5,000円

　控除後の所得税額　13万5,000円

翌年度住民税控除額　0円

　ローン残高5,000万円・ローン控除前の所得税額45万円の場合、長期優良住宅において控除対象となるローン残高は4,500万円となり、残りの500万円については何の適用も受けることはできません。その年の所得税額から31万5,000円の控除を受けることができ、所得税額は45万円－31万5,000円＝13万5,000円になります。

・ローン残高1,800万円・ローン控除前の所得税額20万円の場合

　　控除対象ローン残高　1,800万円

　　所得税控除額　12万6,000円

　　控除後の所得税額　7万4,000円

　　翌年度住民税控除額　0円

　ローン残高1,800万円・ローン控除前の所得税額20万円の場合、ローン残高全額の1,800万円が控除対象となります。12万6,000円の控除をその年の所得税額から受けることができ、支払う所得税額は20万円－12万6,000円＝7万4,000円という計算になります。

・ローン残高1,600万円・ローン控除前の所得税額10万円の場合

　　控除対象ローン残高　1,600万円

　　所得税控除額　11万2,000円

　　控除後の所得税額　0円

　　翌年度住民税控除額　1万2,000円

　ローン残高1,600万円・ローン控除前の所得税額10万円の場合、控除対象となるローン残高は1,600万円となります。控除前の所得税額を上回っていることから、その年の所得税額は0円ということになります。所得税から控除しきれなかったから1万2,000円は、翌年度の住民税から控除を受けることができます。

■■ 譲渡損失の損益通算・繰越控除との併用

　住宅を譲渡しても住宅ローンの支払いが免除されるわけではあり

ません。住宅ローンの支払いは引き続き行っていかなくてはならず、ローン残高より低い価格でしか売却ができなかったときには損失となり、ローンの支払いだけが残ってしまうことになります。

　他の所得から損失分を控除する措置を損益通算といいます。損益通算には課税対象となる所得を少なくすることで、支払う税額を軽減する効果があります。譲渡損失（売却代金が取得価額を下回ったときの、その下回った金額）は通常、他の所得との損益通算はできませんが、住宅を買い換えて損失が生じた場合、売却代金がローン残高を下回って損失が生じた場合など、一定の要件を満たしている場合に限って損益通算が認められています。

　他の所得との損益通算を行っても控除しきれない損失がある場合には、翌年度以降に損失を繰り延べることを認めた特例措置（繰越控除の特例）も受けることができます。

　これらの損益通算や繰越控除の特例は、住宅ローン控除と併用して利用することができます。

■ 住宅ローンが残っているマイホームの譲渡と損益通算・繰越控除…

購入価格3,000万円
（内、2,000万円が借入）

◯年後…

売　却
売却価格は1,000万円 ローン（借入） 残高　1,500万円

譲渡損失500万円の処理

・**損益通算**
　給与所得などの別の所得から控除することにより、減税効果を発揮

・**繰越控除**
　損益通算でも控除しきれない額は、翌年以後3年以内に繰り越して控除できる

例
500万円の
譲渡損失の発生

※ただし、損益通算できるのは、譲渡損失（減価償却後の取得費−売却代金）のうちローン残高（売却代金充当後）まで。本例の場合、売却価格1,000万円−ローン残高1,500万円＝△500万円より、500万円まで損益通算できる。

5 税務署による調査について 知っておこう

いい加減に対応すると贈与税が課税されるおそれもある

■■ どのような目的で調査をしているのか

　マイホームの購入資金の調達先が親からの贈与であった場合、非課税の特例があるとはいえ、贈与税の対象になるのが原則です。そこで、税務署は、主に贈与税の把握のために、マイホームを取得した人の中から何人かを抽出して、「購入した資産についてのお尋ね」という書類を送付しています。

　書類は、物件の概要から始まって、取得するための資金の内訳や支払い先、資金の調達方法まで、マイホームの取得資金に関するお金の出入りについて、非常に細かいことを聞いてきます。

　たとえば、購入資金を夫婦の貯金から出した場合、そのお金をいつ、どこの銀行から、いくらおろしたかまで正確に記入しなければなりません。拠出したお金の割合どおりに持ち分が登記されていなければ、そのお金は贈与されたものとみなされ、課税対象になってしまいます。

　また、ローンや借金についても、借入期間や利息を細かく書くように要求されます。親から「あるとき払いの催促なし」のような形で借金をして購入した場合でも、きちんと借用書を書いて、借入期間や利息を明記しておかないと、これも贈与とみなされてしまいます。

■■ 夫婦共有名義の場合の持分の計算

　夫婦が共有する形で住宅の持分を登記する際、気をつけなければならないことは、実際の購入資金の負担分どおりに登記するということです。

　持分の計算は、物件の取得費用の全額を分母にし、夫と妻が負担し

た金額を分子にしてそれぞれ計算します。相続時精算課税制度などの特例措置を利用する場合、妻の両親からの贈与は、妻の持ち分に入れて計算し、登記に反映することを忘れないようにしましょう。

■■ 住宅ローン控除や住宅資金贈与の特例を受ける条件について

　住宅ローン控除や住宅資金贈与の特例を受ける重要な要件に住宅の面積があります。床面積が50㎡以上（住宅ローン控除で一定の場合は40㎡以上）なければ、これらの控除や贈与の特例は受けられません。

　注意しなければならないのは、「床面積には2種類ある」ということです。建築基準法の床面積と不動産登記法の床面積です。この2つの床面積は、計測の仕方が違います。そのため、数値も違います。具体的には、建築基準法の床面積のほうが、不動産登記法の床面積よりも広くなります。一方、減税や特例を受けるための基準になるのは、不動産登記法の床面積です。したがって、建築基準法で床面積50㎡の住宅では、減税や特例を受けられないおそれがでてきてしまうのです。建築基準法の床面積は、壁心面積といって、壁の中心から面積を算出します。一方、不動産登記法の床面積は、壁の内側を基準に面積を算出する内法面積になっています。

　不動産のパンフレットには、壁心面積が床面積の表示に採用されていることも知っておきましょう。床面積が50〜55㎡とパンフレットに書いてあるような物件の場合、内法面積を必ず確認する必要があります。マンションの場合は、階段や通路などの共有部分は、床面積に含めず、登記簿上の専有部分の床面積で判断します。

　店舗や事務所などと併用している住宅の場合は、店舗や事務所などの部分も含めた建物全体の床面積によって判断しますが、床面積の1/2以上の部分が自身の居住用としているという条件があります。

■「お尋ね」に対する対策

・夫婦でローンを負担した場合は、夫婦の共有名義にしておく
→単独名義だと贈与税がかかる可能性がある
・相続時精算課税制度の適用を受けた場合は、税務署に申告する
→贈与税の特例に注意
・預貯金通帳を整理し、資金の出し入れ（日付や金額、用途）について一覧表を作成する
→所得を整理する
・父母などからの住宅資金の援助を贈与にしたくない場合、借入金として明確にしておく
→贈与税が課される可能性があるため

■ 内法面積と壁心面積

● 内法面積

・壁の内側の面積を測定する

・不動産登記簿に記載されている面積は内法面積

● 壁心面積

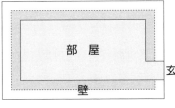

・壁の中心線で囲まれた面積を測定する

・物件のパンフレットに掲載されている面積は壁心面積

書式　税務署からのお尋ね

お買いになった資産の買入価額などについてのお尋ね

（不動産等用）　　　番　号　K ┃ ┃ ┃ ┃ ┃ ┃

※ 既に回答がお済みの方は、各項目の記入は不要ですが、備考欄にその旨をご記入の上、ご返送ください。

項目	照会事項	回		答		項		目	
1 あなたの	職業	会社員	年齢	42歳	2	住所	東京都世田谷区△△－××		
	資産を買い入れた年の前年の所得	所得の種類（○で囲む）	年間収入金額 750千円		共有者の	氏名	花山　優子	あなたとの続柄	妻
		事業 不動産 給与 その他	年間所得金額 550千円			職業	主婦	年齢 41歳	持分割合 1／2
3 買い入れた資産の	所　在　地		種　類		細　目		面　積		
	東京都世田谷区△△○番×号		土地		宅地		102.15㎡		
	同上		建物		居宅		92.78㎡		
	売主の住所氏名等	住所（所在地）	東京都港区芝○○－××	氏名（名称）	甲乙不動産販売㈱		あなたとの関係	なし	
	買い入れの時期	契約 令和5年　6月25日　（登記令和5年　10月18日）							
	買入価額	48,000,000円	売買契約書の有無 ⓗ有・無	お買いになった土地の上に建物があるときはその建物の所有者の	住所				
					氏名	同上		あなたとの関係	
4 費用	支払項目	金額	支払項目	金額	支払項目	金額			
	登記費用	481,700円	仲介手数料	1,518,300円		円			

5 支払金額（合計額）の調達方法		金額	預貯金等の種類	預入先		名義人氏名	続柄
	預貯金から	4,000,000円	定期預金	あじさい銀行○○支店		花山　優子	妻
		850,000円	普通預金	ひまわり銀行△△支店		花山　和夫	本人
		金額	借入先の住所氏名等			借入名義人の氏名（続柄）	
	借入金から	20,000,000円	住所			花山　和夫	
			氏名 つばき銀行××本店	続柄			（本人）
		円	住所				
			氏名	続柄			（　）

	売却年月日	金額	売却資産の名義人	売却した資産の所在地	種類	数量	譲渡時の契約	申告先税務署名
資産の売却代金から	5・4・17	20,000,000円	花山優子	東京都町田市○○	土地	256.00㎡	ⓗ有・無	町田 税務署
	・・	円					有・無	税務署

	贈与を受けた月日	金額	贈　与　者				贈与税の申告	申告先税務署名
贈与を受けた資金から			住所	氏名	続柄		有・無	
	5・5・29	5,000,000円	東京都杉並区○○	花山健一	父		ⓗ有・無	杉並 税務署
	・・	円					有・無	税務署

その他から	150,000円	給与　・　賞与　・　ⓗ手持現金　・　その他（　　　　　）
合　計	50,000,000円	

備考	令和_____年_____月頃に_____税務署へ回答済み。

以上のとおり回答します。

住所　東京都世田谷区△△－××

フリガナ　ハナヤマ　カズオ
氏名　花山　和夫　㊞

令和 6年 3月 25日

電話　03（××××）××××

作成税理士	氏名		電話	（　　）

44

6 固定資産税・都市計画税とはどんな税金か

かかる税金の金額や特例を把握して経営に臨むようにするとよい

■■ 固定資産税とは

固定資産税とは、毎年1月1日現在、土地、家屋などの不動産、事業用の償却資産を所有している人が、その固定資産の評価額を基に算定される税額を、その固定資産の所在する市町村に納める（東京23区は都税）税金です。固定資産税は、以下のように計算されます。

課税標準額×1.4％

課税標準額は、原則として固定資産税評価額を使用します。また、税率1.4％は標準税率であり、各市町村は条例によってこれとは異なる税率を定めることができます。

固定資産税は土地や家屋に対して課税される他、事業用の償却資産に対しても課税され、償却資産税とも呼ばれます。固定資産税の課税対象となる償却資産とは、土地・家屋以外で事業のために使用する固定資産をいいます。なお、自動車は別途自動車税（種別割）が課税されるため、対象にはなりません。市町村内に事業用資産を所有している者は、毎年1月1日現在の所有状況を1月末日までに申告する必要があります。土地は土地登記簿、家屋は建物登記簿によって課税対象の把握ができますが、償却資産についてはこれに相当するものがないため所有者の申告が義務付けられています。固定資産税評価額は、国（総務大臣）が定めた「固定資産評価基準」に基づいて市町村が決定します。評価額は、土地については公示価格の70％程度（時価の50〜70％）、建物については建築費の40〜60％程度が一般的です。評価額は原則として3年ごとに見直し、評価替えが行われます。

固定資産税は、通常6月、9月、12月、2月と、年4回に分けて納めます。

■■ 固定資産税は誰が納めるのか

　固定資産税は土地や建物といった不動産を所有していることに対して課せられる税金です。納税義務者は不動産の所有者ということになります。毎年1月1日現在のその不動産の所有者に対して納税通知書が送付されます。1月1日の翌日である1月2日に不動産を手放したとしても、1月1日に不動産を所有している限りその年1年間の固定資産税の全額を支払う義務があります。土地や建物を複数人で所有している場合、所有者全員が共同で固定資産税を納付する義務があります。したがって所有者の中に固定資産税を支払わない人がいた場合には、他の所有者に支払われていない分の固定資産税を納税する義務が生じます。

　分譲マンションなど、区分所有建物の敷地は、建物の区分所有者が専有面積に応じて共有する形がとられています。このような場合でも区分所有者全員で連帯して納税する義務を負っているのが原則です。しかし、以下の2つの要件を満たす場合には連帯して納税する義務は負わず、自分の持分に応じた税金を支払えばよいことになっています。
・区分所有者全員が敷地を共有していること
・敷地と建物の専用部分の持分割合が一致していること

■■ 固定資産税の特例

　固定資産税は、前ページのとおり固定資産税評価額×1.4％で計算されますが、一定の要件を満たす場合、以下の①住宅用地の特例、②新築住宅の特例のように、固定資産税を減額する特例の適用を受けることができます。他にも、③耐震改修をした場合の特例、④バリアフリー改修をした場合の特例、省エネ改修をした場合の特例といった特例が用意されています。

① 住宅用地の特例

　通常の住宅用地では、固定資産税の課税標準額が小規模住宅用地

（200㎡までの部分）の場合は、固定資産税評価額の６分の１、一般住宅用地（200㎡を超える部分）については３分の１と、特例により軽減されています。つまり更地にするよりも、建物を残しておくほうが、税金が少なくなるわけです。ただし、固定資産税の取扱いにおいても、空き家の発生を抑制するための措置が講じられています。具体的には、空家等対策の推進に関する特別措置法（空家等対策特別措置法）による勧告の対象となった空家等に関する土地については、住宅用地に関する特例の対象から除外されることになっています（51ページ）。

　特例から除外された場合、固定資産税は最大で６倍となります。もし空き家状態で置いておくのであれば、定期的に清掃や修繕を施すな

■ 固定資産税の計算式と特例 ……………………………………………

〈 固定資産税額の計算式 〉
　固定資産税額＝固定資産税課税標準額×1.4%

・一般住宅用地（200㎡を超える部分）に関する特例
　固定資産税評価額×$\frac{1}{3}$
・小規模住宅用地（200㎡以下の部分）に関する特例
　固定資産税評価額×$\frac{1}{6}$
・新築住宅の税額軽減
　新築住宅で50㎡以上280㎡以下のものは、３年間（３階建て以上の耐火建築住宅は５年間）一定面積（120㎡）に対応する税額を２分の１に減額
・耐震改修の税額軽減
　昭和57年１月１日以前から所在する住宅について一定の耐震改修工事をした場合、２分の１減額
　減額期間
　㋑ 当該住宅が通行障害既存耐震不適格建築物であった場合→２年間
　㋺ 上記イ以外の場合→１年間
・省エネ改修をした場合の税額軽減
　平成26年４月１日以前から所在する住宅について一定の省エネ改修工事をした場合、翌年分の税額を３分の１減額

どして、管理を怠らないようにする必要があります。

② **新築住宅の特例**

　新築住宅が令和8年3月31日までに新築されていて、一定の要件を満たす場合に、家屋の固定資産税が2分の1に減額されます。居住部分が120㎡までのものは、全部が減額対象になりますが、120㎡を超える場合には、120㎡に相当する部分だけ減額対象になります。減額期間は、3階建て以上の耐火・準耐火建築物である住宅（マンションなど）は5年間、それ以外の住宅（一戸建て住宅など）は3年間です。居住用部分の床面積50㎡以上（賃貸住宅の場合は各室が40㎡以上）280㎡以下であることが要件となっています。

③ **耐震改修をした場合の特例**

　平成18年（2006年）1月1日から令和8年（2026年）3月31日までに、昭和57年1月1日以前に建てられた住宅について一定の耐震改修工事をした場合には、一定期間、その住宅にかかる固定資産税を2分の1に減額するものです。改修により認定長期優良住宅に該当することになった場合は、固定資産税の3分の2を減額可能です。この減税適用を受けるためには、耐震基準に適合した工事であることの証明も必要です。

④ **省エネ改修をした場合の特例**

　平成20年1月1日に存在していた住宅（賃貸住宅を除く）について平成20年（2008年）4月1日から令和8年（2026年）3月31日までの間に、一定の省エネ改修工事をした場合には、工事が完了した翌年度分の固定資産税のうち（1戸あたり120㎡相当分まで）、3分の1を減額するものです。③と同様、改修により認定長期優良住宅に該当することになった場合は、固定資産税の3分の2を減額可能です。なお、必ず現行の省エネ基準に適合した改修であることが求められます。この減額については、耐震改修に伴う減額と同時に適用はできません。

▉▉ 都市計画税とは

　都市の整備に充てるための財源として徴収する地方税です。都市計画法という法律に基づく市街化区域内の土地や家屋に課税されるものです。課税の対象となるのは、毎年１月１日現在で都市計画法に基づく市街化区域内の土地や家屋の所有者として固定資産課税台帳に登録されている人です。都市計画税の税額は、固定資産税評価額に一定税率を掛けて算出し、固定資産税と同時に市区町村に対して納税します（東京23区は都税）。都市計画税は固定資産税と同様に、通常６月、９月、12月、２月と、年４回に分けて納めます。都市計画区域内でなければ、課税されないのですが、都市計画区域は、ほとんどすべての自治体で導入されています。税率と都市計画税についての特例措置は下の図のようになります。

　固定資産税と異なり、都市計画税の税率は0.3％を上限として各市町村で異なる税率を定めることができます。この都市計画税についても特例があります。住宅の敷地として使用されている土地で、小規模住宅用地（200㎡までの部分）については、課税標準額が３分の１に減額されます。また、一般住宅用地（200㎡を超える部分）については、課税標準額が３分の２に減額されます。

■ 都市計画税の税率と特例 ………………………………………

税率	土地	課税標準額×0.3％
	建物	建物課税台帳に登録されている金額×0.3％
特例措置		住宅用地については、課税標準額を以下のように軽減 ・住宅１戸あたり200㎡までの住宅用地については価格の３分の１を課税標準額とする ・200㎡を超える部分についても価格の３分の２を課税標準額とする

※上図の税率「0.3％」は東京23区を基準とした税率。市区町村によって軽減されているケースはある（たとえば、新潟県三条市では都市計画税の税率は0.2％とされている）

7 空き家をめぐる法律問題と税金対策について知っておこう

特定空家等に指定された空き家は取り壊される場合がある

■■ 空家等対策特別措置法はどんな法律なのか

空き家の適切な管理や活用の促進などを目的として、平成17年（2015年）5月に「空家等対策特別措置法」（「空家等対策の推進に関する特別措置法」）が全面的に施行されました。

空家等対策特別措置法は、国や地方公共団体が所有または管理するものを除いて、居住その他の使用がなされていないことが常態化（1年以上）している建築物やその敷地などを「空家等」と定義しています。そして、空家等の所有者または管理者の責務として、周辺の生活環境に悪影響を及ぼさないよう、空家等の適切な管理に努めることや、市町村の責務として、空家等対策計画の作成やこれに基づく空家等に関する対策の実施、その他の空家等に関する必要な措置を適切に講ずるよう努めることを定めています。また、市町村は、空家等の所在や所有者または管理者の把握などのために、空家等へ立入調査をすることができるとされています。

その上で、空家等対策特別措置法は次のように「特定空家等」へのさまざまな対応を定めています。

■■ 「特定空家等」とは

空家等対策特別措置法では、空家等のうち、①そのまま放置すれば倒壊等著しく保安上危険となるおそれのある状態のもの、②そのまま放置すれば著しく衛生上有害となるおそれのある状態のもの、③適切な管理が行われていないことにより著しく景観を損なっている状態のもの、④その他周辺の生活環境の保全を図るために放置することが不

適切である状態にあると認められるもの、のうちいずれかに該当する空家等を、「特定空家等」と定義しています。

特定空家等の固定資産税について

不動産の所有者には固定資産税が課せられます。とくに建物については、居住している所有者だけでなく、空き家のように居住していない不動産であっても、その所有者には固定資産税が課せられます。固定資産税には「住宅用地特例」（住宅用地の特例措置）という優遇措置があり、住宅用地の固定資産税額が、200㎡以下の部分（小規模住宅用地）は6分の1に、200㎡を超える部分（一般住宅用地）は3分の1に、それぞれ軽減されます。

ただし、以下で説明するように、特定空家等について勧告を受けると、固定資産税の住宅用地特例の適用がなくなり、固定資産税の減税措置を受けることができなくなります。

特定空家等には助言・指導や勧告・命令、代執行ができる

空家等対策特別措置法では、市長村長は、特定空家等の所有者または管理者に対し、当該特定空家等に関し、その除却、修繕、立木竹の伐採、その他周辺の生活環境の保全を図るために必要な措置をとるように、助言または指導をすることができると定められています。

この助言・指導に従わないときや、特定空家等の状態が改善されないときは、市町村長は、相当の猶予期限を付けて、除却、修繕、立木竹の伐採その他周辺の生活環境の保全を図るために必要な措置をとることを勧告することができます。この勧告を受けると、その特定空家等に関する敷地について、それ以前に適用されていた固定資産税の住宅用地特例の対象から除外され、固定資産税の減税が解除されることになってしまいます。

さらに、この勧告を受けた者が正当な理由なくその勧告に対する措

置をとらなかった場合は、市町村長は、とくに必要があると認めるときは、その者に対し、相当の猶予期限を付けてその勧告に係る措置をとることを命令することができます。この命令に違反した場合、50万円以下の過料に処せられることになります。

　この命令に従わない場合や、命令に対応したものの不十分な場合、あるいは期限までに対応が完了しない場合には、代執行（行政代執行・略式代執行）の手続きによって、市町村長は、所有者や管理者の代わりに建物の除去などを行います。この際にかかった除去費は所有者や管理者が負担することになります。

■■ 令和５年法改正の内容

　空家等対策特別措置法によって空き家の増加に歯止めがかかることが期待されましたが、依然として空き家の増加は止まらず、特定空家等への対応策を定めただけでは十分な対策とはなりませんでした。そこで、令和５年６月に、空家等対策特別措置法が改正され、同年12月13日から施行されることになりました。この改正法は、空き家の「活用拡大」「管理の確保」「特定空家の除去等」の３つの観点から対応を強化しています。主なポイントは次のとおりです。

① 　活用拡大

　新たに「空家等活用促進区域」制度が創設され、市区町村が「空家等活用促進区域」や活用指針を定めることができるようになりました。これにより、区域内の空き家については建築基準法等で定められている接道規制や用途規制が緩和されることになり、空き家の建て替えや用途変更の促進が見込まれることになりました。

② 　管理の確保

　新たに「管理不全空家等」についての規定が創設され、市区町村長は「管理不全空家等」に対し、管理指針に即した措置をするよう指導・勧告し、勧告を受けた「管理不全空家等」の敷地は、固定資産税

の住宅用地特例（6分の1等に減額）の適用外とされることになりました。「管理不全空家等」とは、空家等が適切な管理が行われいないために、そのまま放置すれば「特定空家等」に該当することになる可能性がある状態にある空き家のことです。

　これによって、現在は「特定空家等」に指定されていなくても、そのまま放置すれば「特定空家等」になるおそれがあると判断された場合には、その空き家は「管理不全空家等」として、固定資産税が大幅に上がってしまうことになります。

③　特定空家の除去等

　特定空家等への勧告や命令等を円滑に行うために、市区町村長に、特定空家等の所有者等に対する報告徴収権が付与されました。また、特定空家等に対する命令等の事前手続きを経る暇がない緊急時の代執行制度が創設され、さらに、財産管理人の選任請求権を市区町村長へ付与されました。

■ 特定空家等についての手続きの流れ ……………………………

【助言・指導】　【勧告】　【命令】　【代執行】

| 特定空家等①倒壊等の著しい保安上の危険のおそれがある状態②著しく衛生上有害となるおそれのある状態③適切な管理がされておらず著しく景観を損なっている状態　　　　　などの空家等 | ▶ | 所有者に適正な管理を求める | ▶ | 固定資産税の減税措置が解除される | ▶ | 改善命令（違反すると50万円以下の過料） | ▶ | ・市区町村による除去など・費用は所有者等が負担 |

Q 空き家にはどのくらいの税金がかかるのでしょうか。

A 空き家を所有していれば居住していなくても固定資産税など
の税金がかかります。「管理不全空家等」や「特定空家等」に
指定されると、固定資産税の負担が大きくなり、場合によっては住宅
として実際に住んでいる建物より6倍大きくなることもあります。

また、都市計画法の市街化区域内にある土地や家屋などでは都市計
画税も課税されます。年の途中で不動産を売却しても1月1日時点の
所有者がその年の固定資産税などを納付する義務があるため、不動産
売買の実務では、売主と買主の間で不動産売買時点からその年の12月
31日までの期間は買主側が負担するものとして「固都税」（固定資産
税と都市計画税）の精算をすることもあります。

親が住んでいた住宅を相続して空き家のまま保有する場合には、相
続税がかかりますし、生前に贈与する場合には贈与税がかかります。
贈与で不動産を取得した際には不動産取得税がかかる他、名義変更（所
有権移転に伴う登記）をする場合には登録免許税がかかります。

空き家を第三者に売却する場合には所得税（および復興特別所得税）
と住民税がかかります。所得税と住民税は、不動産の売却価額から取
得費、譲渡費用、特別控除などを差し引いた「譲渡所得」に税率を掛
けて計算します。同じ不動産であっても税率は所有期間により異なり、
5年超所有している場合には、5年以内に売却する場合と比べて所得
税、住民税とも税率が約半分に優遇され、10年超所有している場合に
は税率がさらに優遇されます。また、不動産の所有期間の長短に関係
なく譲渡所得から最高3,000万円まで控除ができる特例があります。

ただし、住まなくなって3年内に売却するなどの要件があるので注
意が必要です。なお、計算の結果「譲渡所得」がマイナスとなる場合
には、とくに税金はかかりません。

第3章

不動産を
売却するときの税金

1 通常の不動産譲渡に対する所得税について知っておこう

譲渡所得は売却額から取得費と譲渡費用を引いた額である

■■ 不動産を売却したときの税金と譲渡所得の計算方法

　収入によって利益を得ると税金がかかります。所得税の原則は、全部で10種類ある各「所得」を合計して、その全体の所得に対して税金がかかる形になります。これを総合課税といいます。しかし、土地や建物を売った場合は、申告分離課税という方式が適用され、他の所得とは合計せずにそれ単独で税金を計算するしくみになっています。

　また、土地や建物を売ったときの所得は、10種類あるうちの「譲渡所得」になります。申告分離課税には確定申告が必要です。

　土地や建物を売ったときの譲渡所得は、その売却価格である「収入金額」から「取得費」と「譲渡費用」を引いて、さらに該当する「特別控除額」を引いた金額となります。

　　譲渡所得＝収入金額－（取得費＋譲渡費用）－特別控除額

　収入金額は、土地や建物を売ったことにより受け取る金額ですが、土地建物を出資して株式を受け取るなど、金銭以外の物等で受け取った場合は、その物等の時価を収入金額とします。

　おおまかには、取得費はその土地・建物を購入した価格、譲渡費用はその土地・建物を売るのに必要となった費用のことです。

■■ 譲渡の種類と特別控除額

　土地や建物を売った場合に、譲渡所得の金額から特例として「特別控除」が受けられる場合があります。次ページのとおり、それぞれ受けられる特別控除が決められています。

　特例を適用する場合の注意事項としては、それぞれの特別控除額が、

その特例ごとの譲渡益を限度額とします。特別控除額は、その年の譲渡益の全体を通じて、合計5,000万円を上限として、①から⑥の特例の順に優先されて控除されます。

マイホームを売却した場合は、一般的に②について適用可能な場合が多い特例となります。

---

① 公共事業などのため、土地建物を売った場合…5,000万円の特別控除
② マイホームを売った場合…3,000万円の特別控除
③ 特定土地区画整理事業などのために土地を売った場合…2,000万円の特別控除
④ 特定住宅地造成事業などのために土地を売った場合…1,500万円の特別控除
⑤ 平成21年か22年に取得した国内にある土地を譲渡した場合…1,000万円の特別控除
⑥ 農地保有の合理化などで土地を売った場合…800万円の特別控除
⑦ 低未利用土地等を売った場合…100万円の特別控除

■■ 取得費とは

土地や家屋の取得費とは、その土地・家屋の購入代金や建築代金、購入手数料などの「購入代金等合計額」です。そこには設備費や改良費なども含まれます。ただし、建物の場合は、年月が経つと次第に財産の価値が減るので（これを「減価償却」といいます）、取得費もその分だけ減るように定められています。

具体的には、その建物の購入代金・建築代金や購入手数料などの「購入代金等合計額」から、「減価償却費相当額」を差し引くことにな

ります。購入代金・建築代金や購入手数料などの「購入代金等合計額」には、他に以下のようなものが含まれます。

① 登記費用を含む登録免許税、不動産取得税、特別土地保有税、印紙税（印紙代）

　ただし、事業用の土地・建物の場合は含まれません。

② 借主に支払った立退料

　土地や建物を借りていた人に立退料を支払った場合は、その立退料も含めます。

③ 埋立や土盛り、地ならしなどの造成費用

　土地を購入する際に、造成のために土地を埋め立てたり、土盛り、地ならしをした場合は、その造成費用も含めます。

④ 土地の測量費

　その土地を測量するためにかかった測量費も含めます。

⑤ 土地・建物を自分のものにするためにかかった訴訟費用

　ただし、相続財産である土地を遺産分割するためにかかった訴訟費用等は含まれません。

⑥ 土地の利用が目的であった場合の、建物の購入代金や取壊し費用

　土地の利用が目的で土地とその上に建つ建物を購入した場合に、建物の購入代金や建物の取壊し費用も含めます。

⑦ 土地・建物を購入するために借りた資金の利子

　ただし、実際にその土地・建物を使用し始めるまでの期間の利子に限られます。

⑧ すでに行っていた土地・建物の購入契約を解除して、他の土地・建物を購入し直したときに発生した違約金

　いったん結んだ土地・建物の購入契約を解除して他の土地・建物を購入した場合には、購入契約違反の違約金も含めます。

　建物の「減価償却費相当額」については、建物の構造ごとに法定耐用年数（期間の経過によって価値が減少するような資産について、減

価償却費として計上する年数のこと）が定められています。たとえば、木造建築の居住用の場合には22年です。ただし、これは事業用建物の場合であり、マイホーム（非事業用、居住用建物）の場合はその1.5倍である33年になります。

　法定耐用年数が過ぎると、平成19年3月31日以前に取得した建物の価値は「購入代金等合計額」の10％になります（これを「残存価額」といいます）。また、法改正により、平成19年4月1日以降に取得した建物の残存価額は1円になります。

　居住用の木造建築の場合で、「購入代金等合計額」が2,000万円だった場合、33年経つとそれ以降、建物の価値は200万円（平成19年3月以前に取得）か1円（平成19年4月以降に取得）になるわけです。

　法定耐用年数までは、経過年数に比例して価値が下がっていきます。たとえば、居住用木造建築の場合で、購入後1年ごとに、購入金額の90％（平成19年3月以前に取得）か100％（平成19年4月以降に取得）の33分の1だけ価値が下がります。税金の実務では、33分の1という計算をするのではなく、33の逆数に相当する、0.031の「償却率」を掛けることになります。

　平成19年3月以前に「購入代金等合計額」が2,000万円で購入したマイホームが10年経ったときには、2,000万円の90％の額に、0.031を

■ 建物の法定耐用年数表

		非事業用 （マイホーム等）		事業用 （居住用賃貸マンション等）	
		耐用年数	償却率	耐用年数	償却率
建物の構造	木造	33年	0.031	22年	0.046
	鉄筋コンクリート	70年	0.015	47年	0.022

※非事業用の耐用年数は事業用の1.5倍で計算される。

10倍した数値を掛けた558万円が減価償却されていて、その時点での建物の価値は1,442万円になります。これが、その時点で計算した建物の「取得費」になります。また、平成19年4月以降に同じく2,000万円で購入したマンションが10年経った場合には、2,000万円に0.031を10倍した数字を掛けた620万円が減価償却されたことになり、建物の価値は1,380万円になります。

　購入時期などがはっきりせず、購入時の代金等の「購入代金等合計額」がわからない場合は、「取得費」を売却価格の5％の額にすることができます。

　相続や贈与によって取得した土地・建物の場合、購入代金等や購入時期は、被相続人や贈与者がその土地・建物を購入した「購入代金等合計額」と購入時期が適用されます。

　また、相続した土地・建物を一定期間内に売却した場合は、相続税額の一部を「取得費」に追加する特例もあります（174ページ）。

■■ 譲渡費用とは

　譲渡費用とは、土地・建物を売却するために直接かかった費用です。以下のようなものがあてはまります。

① 　売却時の仲介手数料
② 　売却のために測量した場合の土地の測量費
③ 　売買契約書等の印紙代
④ 　売却のために借家人に支払った立退料
⑤ 　土地を売るためにそこに建てられていた建物を取り壊した場合の、その建物の取壊し費用と取得費（減価償却後）
⑥ 　すでに行っていた土地・建物の売却契約を解除して、より良い条件で売却することにしたときに発生した違約金
⑦ 　借地権を売るときに土地の貸主の許可をもらうために支払った費用
　以上のようなものが譲渡費用になりますが、修繕費や固定資産税な

ど、土地・建物の維持・管理のためにかかった費用は、「売却するために直接かかった費用」ではないため、譲渡費用には含まれません。

　同様に、売った代金の取立てのための費用なども、譲渡費用には含まれません。

■■ 税率はどうなるのか

　土地・建物の譲渡所得は、その不動産の所有期間の長短によって異なってきます。所有期間が5年以下の場合を短期譲渡、所有期間が5年を超える場合を長期譲渡といいます。短期譲渡では税金が高率になっています。正確には、売却した年の1月1日時点の所有期間が5年以下のときに「短期譲渡」になり、譲渡した年の1月1日時点の所有期間が5年を超えていたときに「長期譲渡」になります。

　短期譲渡の場合は、税率は国税である所得税が30％、地方税である住民税が9％で、合計で39％です。長期譲渡の場合は、所得税が15％、住民税が5％で、合計で20％です。

　なお、平成25年（2013年）から令和19年（2037年）までの所得には、従来の所得税に2.1％を掛けた復興特別所得税がかかります。

■ 土地・建物を譲渡した場合の税金 ……………………………………

土地・建物の譲渡所得 ＝ 譲渡による収入金額 － （取得費＋譲渡費用）

長期譲渡所得 ➡ 譲渡した年の1月1日において 所有期間 が5年を超えるもの

「所有期間」とは、土地や建物の取得の日から引き続き所有していた期間をいう。この場合、相続や贈与により取得したものは、原則として、被相続人や贈与者の取得した日から計算する。

短期譲渡所得 ➡ 譲渡した年の1月1日において 所有期間 が5年以下のもの

■■ 取得日や譲渡日がいつかを確かめる

　短期譲渡と長期譲渡で税金の額が異なりますし、他にも税金上の特例がありますので、土地・建物の取得日と譲渡日が正確にいつであるのかは大事な問題になります。

　「取得日」つまり購入などの手段によってその土地・建物を取得した日については、それが購入であった場合は、「引渡し日」と「契約日」のどちらか好きなほうを選択できます。ただし、新築の建物を購入する場合は、「契約日」を選択することはできず、「引渡し日」が取得日になります。

　「譲渡日」つまり売却などの手段によってその土地・建物を譲渡した日も、「引渡し日」と「契約日」のどちらか好きなほうを選択できます。たとえば、土地・建物の売却に関して、ある年の1月1日時点で所有期間が5年を超えてはいるが、6年は超えておらず、その年の年初に売却不動産を相手方に引き渡し、契約は前年末に済ませていた場合を例に考えてみましょう。この場合、税務上の「譲渡日」として「引渡し日」を選択した場合は長期譲渡、「契約日」を選択した場合は短期譲渡となり、税率が39％と20％で約2倍違うことから、税金額が約2倍も異なることになります。売主としては、通常支払う税金を安くすませたいでしょうから、「譲渡日」は長期譲渡になる「引渡し日」を選択したほうが得になります。不動産を取得・売却する際にはいつが取得日・譲渡日になるのかを確認することが大切です。

2 マイホームを売ったときの特例とはどんなものか

マイホームを売ったときには3,000万円の特別控除がある

■■ 3,000万円控除の特例がある

　マイホームつまり自宅を売却した場合、譲渡所得から3,000万円が特別に控除される、税法上の特例があります。不動産を売った利益のうち、3,000万円分に税金がかからないことになります。ただし、譲渡所得が3,000万円未満の場合は、控除額はその額になります。

　この特別控除の特例は、所有期間が5年以下（短期譲渡）でも5年を超えていても（長期譲渡）適用されます。

　3,000万円控除を受けるためには、以下の要件を満たす必要があります。

① 自分が住んでいる建物を売るか、その自宅建物といっしょに、建物が立っている土地（借地権の場合も有効）を売ること

② 自宅建物を売った年の前年と前々年に、この「マイホームを譲渡した場合の3,000万円の特別控除の特例」や、「マイホームの買換えやマイホームの交換の特例」や、「マイホームの譲渡損失についての損益通算および繰越控除の特例」の適用を受けていないこと

③ 売却した土地・建物について、「公共事業などのために土地を売った場合の特別控除」など他の特例の適用を受けていないこと

④ 売った側と買った側の関係が、親子や夫婦、内縁関係にある人、生計を同一にしている親族、特殊な関係のある法人などの「特別な間柄」ではないこと

　なお、以下の場合には、3,000万円控除を受けることはできません。

① その建物への入居が、この3,000万円控除を受けることだけを目的としていたと判断される場合

② その建物への入居が、マイホームを新築する期間の仮住まいや、その他の一時的な目的での入居と判断される場合

③ 別荘などのように趣味、娯楽、保養を主な目的とする建物の場合

■■ 特別控除の適用が問題となるさまざまなケース

3,000万円控除は、実際に自分が住んでいるマイホームを売ることが、その特例の適用を受けるための条件になっています。しかし、実際にはそこに住んでいなくても3,000万円控除を受けられる、特別な例があります。

① 空き家にしていたマイホームを売った場合

売却した建物が、以前に自分が所有者として住んでいたマイホームであり、自分が住まなくなった日から3年を経過した年の12月31日までに売却した場合は、3,000万円控除の適用を受けることができます。

② 配偶者と子どもだけが住んでいるマイホームを売った場合

自分が転勤などで、配偶者と子どもと離れて単身で他の住居で生活している場合で、その転勤などの事情がなくなれば、現在配偶者と子どもが住んでいるマイホームでいっしょに生活すると判断される場合、そのマイホームの売却は3,000万円控除の適用を受けることができます。

ただし、自宅建物を売った人が、売却時に2つ以上のマイホームを所有していたときは、売った人が主として住居に使用していたマイホームだけが3,000万円控除の対象になります。

③ マイホームを取り壊した後にその土地を売った場合

以下の3点を満たしているときは、マイホームを取り壊して更地にした土地を売った場合でも、3,000万円控除の適用を受けることができます。

・建物を取り壊した日から1年以内にその土地の売却契約を締結していること

・その建物に住まなくなった日から3年を経過した年の12月31日まで

に売却していること

・建物を取り壊した後、売却契約を締結した日まで、その土地を賃貸
　したり駐車場を経営するなど他の用途に使用していないこと

　なお、取り壊したのが建物の一部であり、残った建物が人が住める
状態になっている場合には、建物の一部を取り壊した後の土地の一部
を売っても、3,000万円控除の適用は受けられません。

④　災害によって自宅建物が消滅した場合

　災害によってマイホームが消滅した場合は、その建物の土地に住ま
なくなった日から3年を経過した年の12月31日までに土地を売却すれ
ば、3,000万円控除の適用を受けることができます。

■■ 所有期間が10年を超えると軽減税率が適用される

　10年を超えて住んでいたマイホームを売った場合、その土地・建物
の譲渡所得には、通常の長期譲渡の税率よりも低い税率が適用される
ことがあります。この「マイホームを売ったときの軽減税率の特例」
の適用を受けるためには、以下の5つの条件を満たさなければなりま
せん。

①　日本国内にある自分が住んでいる建物を売るか、その自宅建物と
　いっしょに建物が立っている土地を売ること

　ただし、今は住んでおらず、以前に住んでいた土地や建物の場合は、
住まなくなった日から3年目の12月31日までに売却しなければなりま
せん。災害によって消滅した建物の場合も、その建物の土地に住まな
くなった日から3年目の12月31日までに売却しなければなりません。

②　売却した年の1月1日時点の所有期間が、建物も土地も両方とも
　10年間を超えていること

　建物の売却の場合はその建物が、土地・建物の売却の場合は土地と
建物の両方について所有期間が10年を超えていなければなりません。

③　自宅建物を売った年の前年と前々年に、この「マイホームを売っ

たときの軽減税率の特例」の適用を受けていないこと

　自宅建物を売却した年の前年か前々年にこの特例の適用を受けている場合は、再度の特例の適用は認められません。

④　売却した土地・建物について、「マイホームの買換えやマイホームの交換の特例」などの他の特例の適用を受けていないこと

　ただし、「マイホームを譲渡した場合の3,000万円の特別控除の特例」とこの「マイホームを売ったときの軽減税率の特例」は、同時に適用を受けることができます。

⑤　売った側と買った側の関係が、親子や夫婦、内縁関係にある人、生計を一にしている親族、特殊な関係のある法人などの「特別な間柄」ではないこと

　売却先が子どもや配偶者その他の「特別な間柄」にある個人や法人の場合は、この特例は認められません。

　通常の長期譲渡の税率は、所得税が15％、住民税が5％で、合計で20％です。それに対して、「マイホームを売ったときの軽減税率の特例」では、譲渡所得が6,000万円までは所得税が10％、住民税が4％の合計14％であり、6,000万円を超えた部分については、通常の長期譲渡と同じく、所得税が15％、住民税が5％の合計20％になります。

　なお、平成25年（2013年）から令和19年（2037年）までは、所得税に2.1％を掛けた復興特別所得税がかかります。

■■ 具体例で計算してみる

　具体的な数字を挙げてみると、次のようになります。

　たとえば、購入代金にその他の費用を足し合わせた購入代金等合計額で、5,000万円で購入した土地・建物があるとします。何年か経過したために、減価償却費相当額が2,000万円になるとします。この土地・建物が1億4,000万円で売れたとします。その際、仲介手数料などの譲渡費用が1,000万円かかったとします。

そうすると、取得費は、購入時の価格に追加費用を足し合わせた購入代金等合計額5,000万円から減価償却費相当額2,000万円を引いて、3,000万円になります。

譲渡所得は、売却価格1億4,000万円から、取得費3,000万円と譲渡費用1,000万円を引いた1億円になります。

売却した土地・建物が事業用の財産だった場合、所有期間が5年以下の短期譲渡の場合であれば、税率が39%ですから3,900万円の税金がかかることになります（所得税3,000万円、住民税900万円）。所得税3,000万円に対し2.1%の復興特別所得税63万円が加算されると、合計3,963万円が課税されることになります。所有期間が5年超である長期譲渡の場合であれば、税率が20%ですから税金は2,000万円になります（所得税1,500万円、住民税500万円）。所得税1,500万円に対し復興特別所得税31万5,000円が加算されると、合計2,031万5,000円が課税されるという計算になります。

■■ 居住用の財産だった場合の計算例

「マイホームを売ったときの軽減税率の特例」の適用について、今度は、売却した土地・建物が非事業用つまり居住用の財産だった例で考えてみましょう。しかも、自宅であり、マイホームだとします。

この場合、短期譲渡でも長期譲渡でも3,000万円控除が適用されますから、税金がかかってくるのは、譲渡所得1億円から3,000万円の特別控除額を引いた7,000万円になります。

所有期間が5年以下の短期譲渡の場合は、税率は39%ですから、税金の額は2,730万円（所得税2,100万円、住民税630万円）になります。復興特別所得税44万1,000円を加算して、合計2,774万1,000円の税負担となります。

長期譲渡の場合、所有期間は5年超ということになります。しかし、所有期間が10年を超えると「マイホームを売ったときの軽減税率の特

例」がありますから、所有期間が10年より長いか短いかで分ける必要
があります。所有期間が5年超で10年以下の場合、税率は20%ですか
ら、税金の額は1,400万円（所得税1,050万円、住民税350万円）になり
ます。復興特別所得税22万500円加算後は、1,422万500円の税負担と
なります。

　所有期間が10年超になると、譲渡所得から特別控除額を引いた7,000
万円のうち、6,000万円までは14%の軽減税率が適用されますから840
万円（所得税600万円、住民税240万円）、6,000万円超の1,000万円分に
ついては20%の税率が適用されますから200万円（所得税150万円、住
民税50万円）、合わせて1,040万円の税金がかかることになります。所
得税750万円に対する復興特別所得税15万7,500円を加算すると合計
1,055万7,500円の税負担となります。

■ **ケース別に見る建物の譲渡所得と所得税額** ………………………

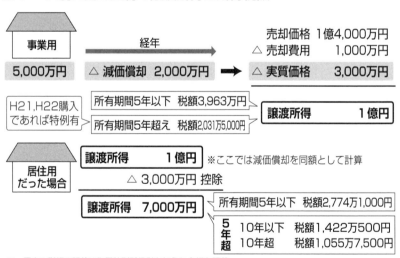

※　図中の税額の記載は復興特別所得税を加えた金額を記載。

3 共有不動産や店舗兼建物を売却する場合について知っておこう

3,000万円控除のしくみを具体例でつかむ

■■ 家屋と敷地の所有状況が問題になることもある

　マイホームを売却した場合、譲渡所得から3,000万円が特別に控除されます。しかし、マイホームの家屋（建物）や敷地（土地）が1人の人間の所有ではなく、複数人の共有財産だったり、家屋と敷地で所有者が異なっている場合、その3,000万円控除のしくみが複雑になります。ここでは、具体例を挙げて、3,000万円控除がどのように適用されるかを見ていきましょう。

■■ 土地と建物が共に共有の場合

　土地と建物の両方を夫婦が共有するのはよくあることでしょう。そのようなマイホームを売却すると、税金はどうなるでしょうか。

　計算を単純にするために、以下では「譲渡費用」と「減価償却費相当額」をゼロとみなします。購入時の価格が土地2,000万円、建物1,000万円の物件を夫婦の持分割合2分の1で購入したとしましょう。それが、土地が7,000万円、建物が2,000万円で売れたとします。全体としてみると、3,000万円の土地・建物が9,000万円で売れているわけですから、譲渡所得は6,000万円になります。そのうち、土地の分の譲渡所得は5,000万円、建物の分の譲渡所得は1,000万円です。

　この土地・建物を1人の人が所有していた場合、マイホームですから3,000万円の特別控除があります。税金がかかるのは、譲渡所得から特別控除額を引いた残りの3,000万円に対してです。ここで、実際には夫婦が土地・建物とも半分ずつ所有していたとします。その場合、マイホームの3,000万円控除の特例は夫婦の1人ひとりに適用されま

すので、夫も妻も3,000万円の特別控除額をもっていることになります。

土地も建物も持ち分割合は2分の1ずつですから、全体の譲渡所得6,000万円に対して夫も妻も譲渡所得は3,000万円になります。それぞれ特別控除額が3,000万円ありますから、譲渡所得から特別控除額を引くと、2人とも0円になります。税金は一切かかりません。

■■ 建物だけが共有の場合

今度は、建物だけが夫婦の共有財産で、土地は夫名義だったとしましょう。建物の持ち分割合は2分の1ずつだとします。

この場合、夫は自分の土地と建物を売却したことになりますから、3,000万円控除は適用されます。妻も、自分の建物を売却したことになりますから、3,000万円控除は適用されます。夫の譲渡所得は、土地については100%ですから5,000万円、建物については2分の1ですから500万円、合わせて5,500万円です。妻の譲渡所得は建物の分だけで、500万円です。夫も妻も3,000万円の特別控除額がありますから、税金がかかってくる所得額は、夫が2,500万円、妻は0円です。

次に、これが夫婦による共有ではなくて、二世帯住宅における親子の共有だったとしましょう。土地は親が100%所有しており、建物は親と子が5分の3、5分の2の持ち分割合で共有しているとします。

この場合、夫婦間の共有との根本的な違いは、親世帯と子世帯で生計が別になっていることです。そうすると、子にとっては自分の建物を売却したことになるわけですから、3,000万円控除は適用できます。

他方、親も自分の土地と建物を売却しているわけですから、3,000万円控除の対象にはなります。しかし、親にとって自宅用として使用している土地は、建物の持ち分割合と等しい、全体の5分の3だけです。その分だけが3,000万円控除の対象になります。残りの5分の2は、別世帯である子世帯に提供している土地であり、自宅ではないわけですから、3,000万円控除の適用対象にはなりません。

このケースでは、子の譲渡所得は建物の分の5分の2だけで、400万円です。3,000万円控除で、税金はかからなくなります。

親は、建物の譲渡所得が全体の5分の3で600万円、土地のうち自宅に対応する部分の譲渡所得がやはり全体の5分の3で3,000万円、土地のうちの子世帯に提供している部分の譲渡所得が全体の5分の2で2,000万円になります。親は、自宅相当の部分の合計3,600万円の譲渡所得に対して3,000万円控除が適用され、残りの600万円分に税金がかかってきます。土地のうち子世帯に提供している部分の2,000万円の譲渡所得にも税金がかかりますから、合算して2,600万円分に対して税金がかかってくることになります。

■■ 土地だけが共有の場合

土地は夫婦で2分の1ずつの持ち分割合で共有していて、建物は100%夫名義だとします。この場合、夫は自宅の土地と建物を売却

■ 建物共有の場合の譲渡所得と特例控除の適用 ⋯⋯⋯⋯⋯⋯⋯

土地の譲渡益　5,000万円　　建物の譲渡益　1,000万円

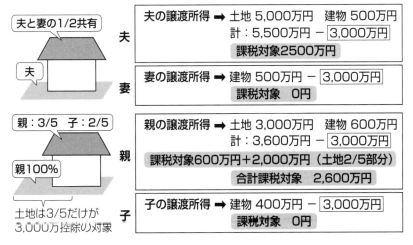

することになるわけですから、3,000万円控除の適用対象になります。しかし、妻は自分の土地を売るだけで、自宅の建物は売却していませんから、3,000万円控除の適用対象になりません。

　夫は建物の譲渡所得が1,000万円、土地の譲渡所得が全体の2分の1で2,500万円、合計で3,500万円になります。そこから3,000万円控除が引かれ、残りの500万円に税金がかかってきます。

　妻の場合は、土地の譲渡所得が全体の2分の1で2,500万円であり、その全額に税金がかかってくることになります。

■ 土地共有の場合の譲渡所得と特別控除の適用 ……………………

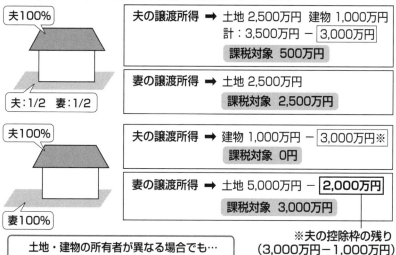

■■ 建物と土地の所有者が異なる場合

　今度は夫が建物を100%所有し、妻が土地を100%所有しているとしましょう。夫は自宅の建物を売却するわけですから、3,000万円控除の適用対象になります。建物の分の譲渡所得1,000万円は、3,000万円控除で税金はかからなくなります。

　妻の方は自宅の土地を売却しただけで、建物は売却していませんから、本来は3,000万円控除は適用されません。

　しかし、土地の所有者と建物の所有者が異なるときでも、①土地と建物を同時に売却すること、②土地の所有者と建物の所有者が親族関係にあり、生計を同一にしていること、③土地の所有者は建物の所有者といっしょにその建物に住んでいること、という3つの条件を満たす場合は、土地の所有者も3,000万円控除の適用対象になります。

　ただし、その場合、特別控除額は建物の所有者と土地の所有者を合わせて3,000万円までです。先に建物の所有者が控除を受けて、3,000万円からその額を引いた残りを土地の所有者が控除を受けることになります。この例では、夫が受けた控除は1,000万円だけですから、3,000万円の控除枠のうち残りの2,000万円分の控除を妻が受けられることになります。妻は土地の分の譲渡所得5,000万円に対して2,000万円の特別控除を受け、残り3,000万円に税金がかかります。

■■ 店舗兼建物の売却と特例の適用

　店舗兼建物の場合、そのうちの一定割合を住居部分としての自宅、残りを事業用不動産である店舗とみなし、別々に税額を計算します。

　なお、住居部分が店舗兼建物全体の90%以上の場合は、その店舗兼建物の100%を住居部分として使用しているとみなして、3,000万円控除を受けることができます。

　今、店舗兼建物の70%が自宅、30%が店舗だとすると、自宅部分の譲渡所得は全体の10分の7で4,200万円、店舗部分の譲渡所得は全体

の10分の3で1,800万円です。自宅部分には3,000万円控除が適用され、残りの1,200万円に税金がかかります。所有期間が5年超の長期譲渡で税率が20%ですから240万円（所得税180万円、住民税60万円）に復興特別所得税3万7,800円加算して合計243万7,800円、所有期間が10年超の場合は14%の軽減税率が適用され、自宅部分の税金は168万円（所得税120万円、住民税48万円）に復興特別所得税2万5,200円を加算して合計170万5,200円になります。

　他方、店舗部分は、3,000万円控除はありませんから、譲渡所得の1,800万円全額に税金がかかってきます。しかも、自宅ではありませんから、所有期間が10年超の場合でも軽減税率は適用されません。長期譲渡だとして、店舗部分に譲渡所得の20%である360万円（所得税270万円、住民税90万円）に復興特別所得税5万6,700円を加算して合計365万6,700円の税金がかかります。

　自宅部分と店舗部分を合わせて、536万1,900円の税金がかかることになります。なお、復興特別所得税は、平成25年（2013年）から令和19年（2027年）までの所得税額に対して2.1%を掛けた金額が課税されます。

■ **店舗兼建物の場合の譲渡所得と特例の適用** ………………………

土地の譲渡益　6,000万円　建物の譲渡益　1,000万円

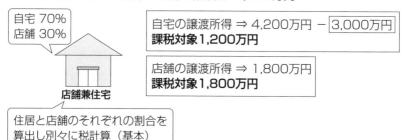

自宅 70%
店舗 30%

店舗兼住宅

自宅の譲渡所得 ⇒ 4,200万円 － 3,000万円
課税対象1,200万円

店舗の譲渡所得 ⇒ 1,800万円
課税対象1,800万円

住居と店舗のそれぞれの割合を
算出し別々に税計算（基本）

 住居部分が全体の90%以上の場合は、建物の100%を住居部分として使用しているとみなして3,000万円の控除を受けることができる

4 マイホームの買換え特例とはどんなものなのか

自宅を買い換えたとき、税金の支払いを繰り延べる制度がある

■■ マイホームの買換え特例とは

購入した時の価格よりも高い価格で自宅を売却した場合、購入価格と売却価格の差である売却益には税金が課せられます。この売却益に対する税金の支払いを、買い換えた自宅を将来売却する時まで繰り延べる特例が、マイホームの買換え特例です。

たとえば3,000万円で購入した自宅を4,000万円で売却し、新たに5,000万円の自宅を購入したとします。4,000万円－3,000万円＝1,000万円の売却益が生じたことになり、本来は課税の対象となります。この課税を将来に繰り延べる制度がマイホームの買換え特例です。この特例の適用を受けたことによって繰り延べられた税金は、買換えで新たに購入した5,000万円の自宅を将来売却するときに合わせて支払うことになります。

なお、この特例は令和7年12月31日まで適用されています。

■■ 特例の適用を受けるための要件

マイホームの買換え特例を利用するには、売却した自宅、新しく購入した自宅それぞれが一定の条件を満たしている必要があります。

・売却した自宅についての要件

① 自分が住んでいた家屋や、家屋と共に敷地・借地権を売却すること。以前に住んでいたものである場合には、住まなくなってから3年を経過する年の12月31日までに売却すること。

② 売却した人の居住期間が10年以上であり、売却した年の1月1日において売った家屋や土地の所有期間が共に10年を超えていること。

③　売却価格が1億円以下であること。

　売却する自宅と一体として利用していた部分を別途に分割して売却していた場合、その自宅を売却した年の前々年から翌々年までの5年間に売却した部分も含めて、1億円以下であることが必要です。

・買い換えた自宅についての要件

①　床面積50㎡以上、敷地面積500㎡以下であること。

②　買換えで自宅を売却した年の前年の1月1日から翌年12月31日までの3年間に新しい自宅を購入していること。

③　買換えで購入した新しい自宅に一定の期限までに住むこと。

・新しい自宅の購入がそれまでの自宅を売却した年かその前年である場合には、それまでの自宅を売却した年の翌年12月31日まで

・新しい自宅の購入がそれまでの自宅を売却した年の翌年である場合には、新しい自宅を購入した年の翌年12月31日まで

④　中古住宅である場合は、取得日以前25年以内に建築されたものであること。

　以下の場合には、建築年数の制限はありません。

・耐火建築物の中古住宅のうち、一定の耐震基準を満たすもの

・耐火建築物以外の中古住宅のうち、取得期限までに一定の耐震基準を満たすもの

　自宅を売却した年の前年・前々年に以下の特例の適用を受けている場合、マイホームの買換え特例の適用を受けることはできません。

①　自宅を譲渡した場合の3,000万円の特別控除の特例

②　自宅を売却した場合の軽減税率の特例

③　自宅の譲渡損失についての損益通算・繰越控除の特例

　また、親子や夫婦などの特別な関係にある人の間での売買も、買換え特例の適用を受けることはできません。生計を共にしている親族や内縁関係にある人、特殊な関係にある法人も同様に、買換え特例の適用対象から除外されます。

この特例を受けるためには、確定申告をする必要があります。確定申告をする際には以下の書類を添付します。

① 譲渡所得の内訳書

② 売却した自宅の所有期間が10年を超えることを証明する、売却した資産についての登記事項証明書等

③ 買換えによって資産を取得したこととその面積を証明する、購入した資産についての登記事項証明書や売買契約書の写し等

④ 売却した自宅に10年以上居住していたことを証明する、売却した自宅の所在地を管轄する市区町村から交付された住民票の写しや戸籍の附表の写し等

⑤ 購入した自宅の所在地を管轄する市区町村から交付された住民票の写し

⑥ 売買契約書の写しなど、売却代金が１億円以下であることを証明するもの

⑦ 購入した自宅が中古住宅である場合は取得日以前25年以内に建築されたことを証明するもの、あるいは耐震基準適合証明書等

■■ 買換え特例を使う場合の注意点

　買換えのため、それまで自宅として使用していた住宅を売却したことによって利益が得られた場合に、その利益に対する課税を先延ばしにするのがマイホームの買換え特例です。税金の支払いを待ってもらっているだけで、減免の措置を受けているわけではないことに注意する必要があります。

　つまり、この特例の適用を受けて買い換えた自宅を再度買い換えるようなケースでは、支払うべき税額が増えることになります。売却益は「売却価格−購入価格」で計算されますが、買換え特例を使っていると購入価格が低く抑えられてしまうからです。

　前述した3,000万円で購入した自宅を4,000万円で売却し、5,000万円

の住宅を購入した人が、その住宅を7,000万円で売却する場合を考えてみましょう。

　売却益は「売却価格−購入価格」で計算されます。しかし、マイホームの買換え特例を使っている場合、「7,000万円−5,000万円＝2,000万円」が売却益とはなりません。以前に行った住宅の買換えで生じた利益を繰り延べているためです。4,000万円−3,000万円＝1,000万円という利益を加えた金額が、売却益となります。つまり2,000万円＋1,000万円＝3,000万円に対して、課税されることになります。

　特定のマイホームの買換え特例は、マイホームを譲渡した場合に適用を受けることができる他の特例と重複して使うことはできません。どの特例の適用を受けるかによって課税額や大きく変わってくるので、注意する必要があります。

■ ケースで見る買換え特例を使う場合の売却益となる金額 ………

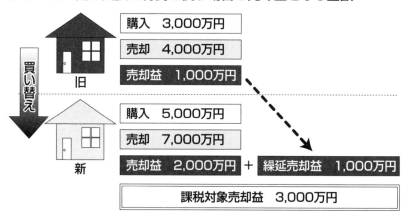

5 事業用資産の買換え特例について知っておこう

事業を営む個人が事業用資産の買換えを行った場合が対象となる

■■ 事業用資産とは

事業のために使われる土地や建物などのことを事業用資産といいます。アパートやマンションの賃貸業を営むための不動産も、この事業用資産に該当します。ただし、ある程度の規模があること、事業に用いられていることが事業用資産と認められるための条件です。不動産の貸付などで、事業といえるような規模ではないが、代金を受け取って継続的に行われているようなものについては、この事業に準ずるものに含まれます。

なお、後述する事業用資産の買換え特例の適用を受けるために一時的に使用した資産、たまたま運動場や駐車場として利用していた空き地などは、事業用資産として認められません。

■■ 事業用資産の買換え特例とはどんな特例か

事業用資産の買換え特例とは、譲渡益に対する課税を将来に繰り延べる制度です。事業を営む個人が事業用資産の買換えを行った場合が対象となります。具体的には、譲渡資産の譲渡価額と買換え資産の取得価額との関係に応じて以下のように譲渡所得を計算します。

① 「譲渡資産の譲渡価額 ≦ 買換え資産の取得価額」の場合

譲渡所得＝譲渡資産の譲渡価額×0.2 − 取得費等×0.2

② 「譲渡資産の譲渡価額 ＞ 買換え資産の取得価額」の場合

譲渡所得＝譲渡資産の譲渡価額（A）−買換え資産の取得価額（B）

$$\times\ 0.8\ -\ 取得費等\ \times\ \frac{A - B \times 0.8}{A}$$

事業用資産の買換え特例の適用を受けるためには、下図の要件をすべて満たしている必要があります。図中における②の「一定の組み合わせ」の代表的な例としては、東京23区内など既成市街地等の区域内にある一定の建物や土地等から区域外にある一定の資産へ買い換える場合などがあります。③の「取得した土地等の面積が原則として売却した土地等の面積の５倍以内」に該当しない場合、５倍を超える部分については特例は適用されません。また、⑤の要件である「新しい資産購入後、１年以内に使用を開始」した場合であっても、購入後１年以内に事業に使用しなくなった場合は特例を受けられないことに注意が必要です。⑥の「土地等の売却時の所有期間が５年を超えていること」という要件については、令和８年３月31日までにした土地等の譲渡については、この要件は停止となっています。

　この特例を受けようとする場合には、重ねて他の特例を適用することはできません。買い替える資産については、贈与や交換、所有権移転外リース取引によるものや代物弁済によるものではないことも条件になっています。

■ **事業用資産の買換え特例の適用を受けるための要件** ……………

> ① 売却する資産、買い換える資産が共に事業用であること
> ② 売却する資産、買い換える資産が一定の組み合わせに当てはまるものであること
> ③ 買換え資産が土地等である場合には、取得した土地等の面積が原則として売却した土地等の面積の５倍以内であること
> ④ 資産を売却した年の前年・その年・翌年のいずれかに新しい資産を購入すること
> ⑤ 新しい資産を購入後、１年以内に事業として使用を開始すること
> ⑥ 土地等の売却の場合、売却した年の１月１日において所有期間が５年を超えていること（令和８年３月までに行った土地の譲渡については、この要件は停止）

6 その他の特例について知っておこう

その他にも特例があり、固定資産の交換では取得費用の問題も起こり得る

■■ 立体買換えの特例（等価交換）とは

　所有している土地を提供し、その土地に建築されたマンションなど建物の一部の提供を受けることを立体買換えといいます。土地とその土地の価値に相当する建物の一部を交換することから等価交換とも呼ばれます。土地の代わりに提供されるものには、持分に相当する敷地利用権も含まれます。等価交換では土地と建物の一部を交換するだけなので、お金のやりとりは行われません。そのため、新たな資金を用意することなく土地を有効活用することができます。

　また、土地は何も建っていない状態で所有していると相続税評価額が高くなります。時価が同じであれば、土地よりも建物のほうが相続税評価額は低く計算され、相続税対策になります。土地との交換で提供された建物の一部は自由に使うことができます。自分で住む以外にも、事業所として利用する、賃貸物件として他人に貸し出すなどさまざまな使い方ができます。売買ではなく交換であることから譲渡所得は発生しませんが、例外的に一部を現金で精算した場合、その部分だけは課税の対象となります。交換により取得した資産を譲渡する際の取得費としては、交換前の土地の取得にかかった費用が引き継がれるので注意が必要です。

　立体買換えの特例には複数の種類がありますが、利用しやすいものとしては「既成市街地等内にある土地等の中高層耐火建築物等の建設のための買換え特例」が挙げられます。

▓▓ 固定資産の交換の特例とは

　所有している土地や建物などを同程度の価値のものと交換した場合に、一定の要件を満たしたものについては課税をしない、という制度が固定資産の交換の特例です。土地と土地、建物と建物などを交換した場合に実際には現金が動いていないにもかかわらず課税が発生してしまうのを防ぐために設けられています。この特例を受けるための条件は以下のとおりです。

① 固定資産の交換であること

　たとえば不動産会社が販売のために所有している土地は棚卸資産になるため、特例の適用対象となりません。

② 同じ種類の資産の交換であること

　土地と土地、建物と建物といったように同じ種類の資産を交換することが必要です。

③ 1年以上所有していたものの交換であること

　交換するために取得した資産でないことが必要です。

④ 交換後、同じ目的で交換した資産を使用すること

　土地は宅地・田畑・鉱泉地など、建物は居住用・店舗または事務所用・工場用・倉庫用・その他用に分類されます。この区分に沿った使い方が交換後もされることが必要です。

⑤ 時価の差が高い方の時価の20％以内であること

　時価の算定は通常不動産鑑定士によって行われますが、実際には資産の交換を行う双方が納得すれば等価として認められます。

▓▓ 交換する資産の価値が問題になることもある

　明らかに価値が異なる資産の交換の場合、価値の低い資産を提供しようとする側が不足している価値分を現金（交換差金と呼ばれます）で支払うことで交換を成立させることがあります。

　この交換差金は所得税の対象となり、交換差金を受け取る側に課税

されます。課税対象となるのは交換差金として受け取った金額すべてではなく、交換によって取得した資産との合計額に対しての交換差金が占める割合部分のみになります。

■■ その他にもこんな特例がある

資産譲渡についての課税には、その他にも特別控除の特例が設けられています（56ページ）。

① 土地や建物を公共事業のために売った場合の5,000万円特別控除

② 特定土地区画整理のために土地を売った場合の2,000万円特別控除

③ 特定住宅地造成事業などのために土地を売った場合の1,500万円特別控除

④ 農地保有の合理化などのために土地を売った場合の800万円の特別控除

①の特例は、収用等によって得た所得についての特例です。道路の新設や拡張のために国や自治体に土地を提供することを収用といい、この収用によって得た利益も所得であり、課税対象に含められます。しかし、①〜④いずれも公共のためにやむを得ずに土地や建物を手放すことに対して多くの課税をすることは問題があるため、特別控除が認められています。

■ 立体買換えの特例 ……………………………………………………………

等価交換
（資金の準備は不要）

土地

建物の一部

・土地よりも相続税評価額は低くなる
・交換後の建物の用途は自由（居住用・事務所用・賃貸用など）

自宅売却によって生じた損益は、他の所得との通算が認められる場合がある

■■ 住宅の売却金額はそれほど大きくならない

　土地や建物などの不動産を売却したときに得られる利益は譲渡所得
と呼ばれ、次の計算式で計算されます。

　譲渡所得＝売却価格－（取得費＋譲渡費用）

　売却価格が取得費と譲渡費用を合わせた金額を下回った場合には、
譲渡損失が生じます。

　建物は新築や購入したその時点が一番価値が高く、時間の経過と共
にどんどん下落していきます。したがって、中古となってしまった建
物の売却価格は大きなものとはならないのが通常です。

　一方、土地は中古という概念があてはまらないので、時間の経過で
価値が下がるわけではありません。

　また、不動産の処分を決断するのは、やむを得ない事情がある場合
であることがほとんどです。そのため損失を生じることがわかってい
ても処分をしなければならない、という場合が多くあります。

■■ 譲渡損失と損益通算

　所得は性質により、以下の10種類に分類されます。

① **利子所得**

　預貯金などの利子によって生じる所得

② **配当所得**

　株式の配当によって生じる所得

③ **不動産所得**

　不動産の貸付によって生じる所得

④　**事業所得**

　農業、漁業、製造業、卸売業、小売業、サービス業などの事業を営むことによって生じる所得

⑤　**給与所得**

　給料や賞与などの所得

⑥　**退職所得**

　退職金など

⑦　**山林所得**

　山林や立木を売却したことで生じる所得

⑧　**譲渡所得**

　所有資産を売却したことによって生じる所得

⑨　**一時所得**

　雑誌やテレビ番組の賞金や生命保険の満期一時金など

⑩　**雑所得**

　①〜⑨以外の所得（公的年金等、業務に関するもの、その他）

　これらの課税対象となる所得がある場合、その所得に対して所得税が課せられます。一方で損失があるときに所得と損失の通算が認められる場合があります。たとえば100万円の所得と50万円の損失がある場合、通算の対象とならないときは100万円に対して課税されますが、通算をすることができるときは「100万円－50万円＝50万円」に対する課税ですみます。このような所得と損失の通算は、基本的に同じ種類の所得内で行われます。不動産を売買したことで生じた損失は同じく不動産の売買で獲得した利益から、株式を売買したことで生じた損失は同じく株式の売買で獲得した利益から、それぞれ控除します。このことは内部通算と呼ばれます。

　例外的に他の所得との通算が認められるものが、損益通算です。事業所得・不動産所得・山林所得・譲渡所得の間では一定の順序で損益通算を行うことが認められています。しかし、不動産所得のうち次の

ものについては損益通算することが認められていません。

① 別荘など、生活に必要でない資産の貸付に関するもの

② 土地などを取得することを目的にした負債の利子

③ 一定の組合契約に基づいて営まれる事業から生じたもので、その組合の特定組合員に関するもの

また、事業用の不動産等を譲渡したことによって生じた損失は分離課税であるため、他の所得との損益通算は認められていません。

■■ 損益通算ができる場合

自身が居住するために所有していた住宅を処分することで生じた損失については、他の所得と損益通算を認めるものとして、以下の2つの制度が設けられています。いずれも、現時点では、令和7年12月31日までに売却した場合の特例とされています。

① 特定のマイホームの譲渡損失の損益通算制度

償還期間が10年以上の住宅ローンが残っている自宅を住宅ローン残高より低い価格で売却した場合に生じた損失と、他の所得との損益通算を認める制度です。自宅売却の売買契約日の前日における住宅ローン残高から売却価額を差し引いた金額が、損益通算の限度額となります。

② マイホームの買換え等の場合の譲渡損失の損益通算制度

新しい住宅に買い換えるために、それまでの住宅を売却した人が対象です。住宅の買換えについては、償還期間が10年以上の住宅ローンを利用することが要件になります。処分する住宅は5年を超えて所有していたものに限られます。

■■ 特定のマイホームの譲渡損失の繰越控除制度とは

他の所得と損益通算を行ってもまだ控除しきれない損失が残る場合は、譲渡の年の翌年以降3年にわたり繰り越して控除することができます。これが特定のマイホームの譲渡損失の繰越控除制度です。適用

を受けるためには以下の要件を満たしている必要があります。

① 自分が現在住んでいるか、住まなくなった日から３年目の12月31日までの住宅の譲渡であること

② 譲渡した年の１月１日において、所有期間が５年を超えていること

③ 譲渡したマイホームの売買契約日の前日において、10年以上の住宅ローンの残高があること

④ 譲渡金額が住宅ローン残高を下回っていること

ただし、これらの要件に当てはまっていても以下の場合には制度の適用対象から除外されます。

① その年の所得金額が3,000万円を超える場合

② 親子や夫婦、生計を同一にする親族、内縁関係にある人、特殊な関係にある法人などに対する譲渡の場合

③ 譲渡の前年以前３年間に、特定のマイホームの譲渡損失の損益通算の特例の適用を受けている場合

④ 譲渡の前年以前３年間に、マイホームの買換え等の場合の譲渡損失の損益通算・繰越控除制度の適用を受けている場合

なお、①について、所得金額が3,000万円を超える年と超えない年がある場合、3,000万円を超えない年については、特例の適用を受けることができます。

■■マイホームの買換え等の場合の譲渡損失の繰越控除制度とは

新しく買い換えるための住宅の売却により生じた損失を、その年とその年以降３年間にわたり繰り越すことを認めたものが、マイホームの買換えの場合の譲渡損失の繰越控除制度です。適用を受けるための要件は以下のとおりです。

・譲渡資産について

所有期間が５年を超える居住用住宅とその敷地で、次のいずれかに該当するものです。

ⓐ 現在、居住していること

ⓑ 居住しなくなってから3年目の12月31日までに売却されること

　なお、「居住用住宅」について災害によって住宅を失ったというようなケースでは、住宅を失わなかったならば条件を満たしていると認められるときに限り、敷地のみで特例の適用を受けることが可能です。

・**買換資産**について

ⓐ 床面積50㎡以上の居住用住宅と敷地であること

ⓑ 前の住宅を譲渡した年の前年1月1日から譲渡した年の翌年12月31日までに取得していること

ⓒ 取得した年の翌年の12月31日までに居住するか、居住見込みであること

ⓓ 償還期間10年以上の住宅ローンを利用していること

ⓔ その年の所得金額が3,000万円を超えないこと

　なお、所得金額が3,000万円を超える年以外の年については、繰越控除の適用を受けることができます。

■ **個人の土地建物譲渡損失についての特例** ……………………

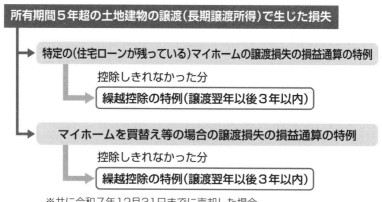

第4章

不動産を
賃貸するときの税金

1 家賃収入を得ると所得税などがかかる

家賃、権利金、更新料などは不動産所得となる

収入と所得

　一般に「所得」とは、収入から必要経費を引いたもののことです。所得税は、収入ではなく所得に対して課税されます。通常、収入と所得は同じ意味のように考えられていますが、収入と所得は異なります。たとえば、会社員の場合、会社からもらう「給与所得の源泉徴収票」の「支払金額」が収入金額です。そして、「給与所得控除後の金額」が所得金額です。給料の場合は、事業所得と違って、必要経費が明確に把握できず、差し引くことができないので、代わりに所得税法で定められた給与所得控除額を差し引いています。所得税法では、10種類の所得について、具体的にその所得の金額の計算方法を定めています。一口に所得と言っても、勤労から得た所得、財産の売却から得た所得、資産の運用から得た所得などさまざまなものがあります。これらの所得を10種類に分類した理由は、毎月支給される給与所得と退職後の生活を支える退職所得の性格が違うように、所得の性質によって税金を負担することができる能力（担税力）や政策上配慮すべき事情が異なるからです。たとえば老後の資金となる退職所得は、担税力などを考慮して、基本的には所得の2分の1を課税対象とし、他の所得とは合算しないようにしています。

不動産所得とは

　土地・建物等の不動産を貸し付けることで得た地代、家賃、権利金、礼金などの所得を不動産所得といいます。敷金は入居時に預かるお金ですが、退去時に借主に返還されるものは収入にあたらないので、不動産所得には含まれません。また、船舶・航空機の貸付による所得も

不動産所得です。不動産の仲介などによる所得は事業所得または雑所得になります（96ページ図表参照）。

　不動産の貸付を事業として行っている場合であっても、その所得は事業所得ではなく不動産所得です。土地や建物を貸して月々賃貸料を受け取っている場合だけでなく、余った部屋に人を下宿させて家賃を受け取っている場合も不動産所得です。

　ただし、下宿でも、食事を提供している場合やホテルなどのようにサービスの提供が主な場合には事業所得または雑所得になります。

　事業主が従業員に寄宿舎などを提供している場合に受け取る賃貸料も、事業に付随して発生する所得として事業所得になります。

　月極駐車場は不動産所得となりますが、時間貸し駐車場はサービス業としての側面を有することから事業所得または雑所得になります。

　ビルの屋上や側面の看板使用料は不動産所得ですが、店舗の内部の広告料は事業付随収入として事業所得になります。

■■ 不動産所得の金額

　不動産所得の金額は、その年の地代等の総収入金額から必要経費を控除した金額となります。一定水準の記帳をし、その記帳に基づいて正確な確定申告をする人には、所得金額の計算などについて有利な取扱いが受けられる青色申告の選択が認められています。青色申告者は、収入から必要経費を差し引いた残額から、さらに「青色申告特別控除額」を差し引いた金額が不動産所得となります。

　青色申告特別控除（114ページ）には65万円、55万円、10万円の控除がありますが、65万円の控除を受けるためには、①複式簿記で記帳する他、②確定申告書をe-Tax（電子申告）で提出する、または仕訳帳および総勘定元帳の電子帳簿保存を行う、③さらに不動産の貸付が事業として行われていることが必要です。建物の貸付が事業として行われているどうかは社会通念に照らして判断されるのが原則ですが、

形式基準（5棟1室基準）として、下記のいずれかに該当する場合は事業的規模と判定されます。

ⓐ　貸間、アパート等については、貸与することができる独立した室数がおおむね10以上であること

ⓑ　独立家屋の貸付については、おおむね5棟以上であること

■■ 不動産所得の必要経費

　必要経費には、貸し付けた土地や建物などの不動産取得税、登録免許税、固定資産税、修繕費、損害保険料、減価償却費、借入金の利息、管理人の給料などが含まれますが、上棟式の費用は必要経費ではなく、建物の取得価額に含まれます。なお、民泊が不動産所得となる場合には、民宿や宿泊施設等を提供しているマッチングサイトへの手数料、清掃やゲスト対応の外注費用なども必要経費になると考えられます。

　不動産所得の金額が赤字になった場合には、損益通算（96ページ）を行うことができます。ただし、不動産所得の赤字のうち、土地等を取得するために要した負債の利子に相当する部分の金額は損益通算できません。たとえば、不動産所得の金額が赤字100、借入利息が80で、そのうち土地を取得するために要した利息が40だったとします。赤字100のうち、この40は損益通算できませんので、100−40＝60を他の黒字の所得と通算することになります。また、別荘等のように主に趣味や娯楽、保養や鑑賞目的とする不動産の貸付による損失金額も、損益通算の対象とならないので、注意が必要です。

■■ 超過累進税率による総合課税

　所得に対してかかる税金が所得税です。所得にはさまざまな種類がありますが、不動産所得の金額は他の所得と合算されて総所得金額を構成し、超過累進税率により総合課税（対象となる所得を合算して税額を計算・納税する課税方式）されます。

■ 所得税は所得に課される

| 収入 | － | 必要経費 | ＝ | 所得（利益） |

個人事業者であれば売上や雑収入のこと。給与所得者であれば給与の総支給額のこと

個人事業者であれば必要経費のこと。給与所得者であれば給与所得控除額のこと

ここに所得税が課される

■ 不動産所得の計算方法

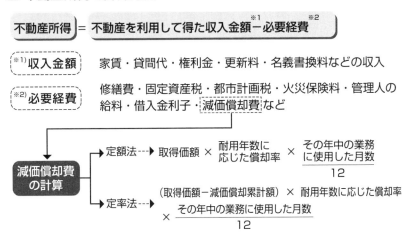

不動産所得 ＝ 不動産を利用して得た収入金額[※1] － 必要経費[※2]

[※1)] **収入金額** 家賃・貸間代・権利金・更新料・名義書換料などの収入

[※2)] **必要経費** 修繕費・固定資産税・都市計画税・火災保険料・管理人の給料・借入金利子・減価償却費 など

減価償却費の計算

→ 定額法 ---→ 取得価額 × 耐用年数に応じた償却率 × $\dfrac{その年中の業務に使用した月数}{12}$

→ 定率法 ---→ （取得価額－減価償却累計額）× 耐用年数に応じた償却率 × $\dfrac{その年中の業務に使用した月数}{12}$

■ 所得税の速算表

課税される所得金額	税率	控除額
① 195万円以下	5%	0円
② 195万円を超え　330万円以下	10%	97,500円
③ 330万円を超え　695万円以下	20%	427,500円
④ 695万円を超え　900万円以下	23%	636,000円
⑤ 900万円を超え　1,800万円以下	33%	1,536,000円
⑥ 1,800万円超え　4,000万円以下	40%	2,796,000円
⑦ 4,000万円超	45%	4,796,000円

（注）たとえば「課税される所得金額」が700万円の場合には、求める税額は次のようになる。
700万円×0.23－63万6,000円＝97万4,000円

税額計算の流れをおさえよう

総所得金額から所得税額までを段階的に計算する

■■ 所得税の計算方法とは

以下のような流れで計算をしていきます。

① 総所得金額を計算する

10種類に分類されたそれぞれの所得について、収入金額から差し引く必要経費の範囲、特別控除などが決められていますので、それに従って各所得金額を計算します。

これらの所得金額を合算して「総所得金額」を求め、それに対して税金計算をして申告納付する「総合課税」が原則となります。しかし、一部の所得については、他の所得とは合算せずに単独で税金を計算する「申告分離課税」という方式がとられます。これは、一時的に大きな所得が発生した場合などに超過累進税率を適用することがなじまない所得に配慮したものです。申告分離課税が適用される所得には、山林所得、退職所得、土地建物等・株式等の譲渡による譲渡所得などがあります。また、利子所得のように源泉徴収だけで課税関係を完結させる「源泉分離課税」が適用される所得もあります。

■ 3つの課税方法

課税方法

1 総合課税　他の所得と合算して税額を計算する

2 申告分離課税　他の所得と区別（分離）して税額を計算する

3 源泉分離課税　源泉徴収された税額だけで課税関係を完結させる

② 所得控除額を計算する

　納税者の個人的事情などを考慮して設けられている「所得控除額」を計算します。災害により資産に損害を受けた場合の「雑損控除」、多額の医療費の支出があった場合の「医療費控除」、配偶者や扶養親族がいる場合の「配偶者控除」や「扶養控除」、所得水準によって認められている「基礎控除」など、14種類の所得控除が設けられています。

③ 課税所得金額を計算する

　所得金額から所得控除額を差し引いて「課税所得金額（1,000円未満切捨）」を求めます。

④ 所得税額を計算する

　課税所得金額に税率を掛けて「所得税額」を計算します。税率は、課税所得金額に応じて5％から45％の7段階に分かれています。

■ 所得税の計算方法 ……………………………………………………

① **各種所得ごとに所得金額を計算**
　　10種類の所得ごとに一定の方法で所得金額を計算

② **所得控除額を計算**
　　個人的事情などを考慮した所得控除額を求める

③ **①から②を引いて課税所得金額を計算**
　　1,000円未満の端数を切り捨て

④ **③に税率を掛けて所得税額を計算**
　　課税所得金額に応じた超過累進税率を適用して所得税額を計算

⑤ **④から税額控除額を差し引く**
　　配当控除や住宅ローン控除などの税額控除額を差し引く

⑥ **⑤から源泉徴収税額や予定納税額を差し引く**
　　納付する税額の場合は100円未満端数切捨、
　　還付される税額のときは、端数処理はしない

⑤ 所得税額から税額控除額を差し引く

　二重課税の排除や政策目的などにより、所得税額から直接控除できる「税額控除額」が認められています。税額控除には、配当控除や住宅ローン控除などがあります。配当控除とは、配当を受け取った場合や収益を分配された場合に一定の方法により計算した金額を控除するものです。ローンを組んで住宅を購入した場合には、ローン残高に応じて一定の金額が控除できます。

⑥ 源泉徴収税額や予定納税額を差し引く

　税額控除後の所得税額（年税額）から源泉徴収された税額や前もって納付している予定納税額があるときは差し引いて精算します。

　これで最終的に納める所得税額（100円未満切捨）または還付される所得税額が算出されます。

■■ 損益通算とは

　2種類以上の所得があり、たとえば1つの所得が黒字、他の所得が赤字（損失といいます）であるような場合に、その所得の黒字から他

■ 所得の種類 ………………………………………………………………

利 子 所 得	預貯金・公社債などの利子
配 当 所 得	株式の配当・剰余金の分配など
不 動 産 所 得	土地・建物などの貸付による所得
事 業 所 得	事業による所得（不動産賃貸所得は不動産所得）
給 与 所 得	給料・賞与など
退 職 所 得	退職金・一時恩給など
山 林 所 得	山林・立木の売却による所得
譲 渡 所 得	土地・建物・株式・ゴルフ会員権などの売却による所得
一 時 所 得	懸賞の賞金・生命保険の満期保険金など一時的な所得
雑 　 所 　 得	公的年金や事業とはいえないほどの原稿料、講演料など上記にあてはまらない所得

の所得の赤字を一定の順序に従って差引計算するものです。

　すべての所得の赤字（損失）が他の黒字の所得と損益通算できるものではありません。所得税では、不動産所得、事業所得、山林所得及び譲渡所得の金額の計算上生じた損失の金額があるときに限り、一定の順序により他の各種所得の金額から控除できるものとしています。ただし、不動産所得で生じた赤字のうち土地等を取得するために要した借入金の利子に対応する部分の金額は損益通算することはできません。

■■ 損益通算の順序

　損失の金額は、次の順序により控除を行います。

①　不動産所得、事業所得の損失の控除

　不動産所得の金額または事業所得の金額の計算上生じた損失の金額は、利子所得、配当所得、不動産所得、事業所得、給与所得、雑所得の金額（経常所得の金額といいます）から控除します。

②　譲渡所得の損失の控除

　譲渡所得の金額の計算上生じた損失の金額は、一時所得の金額から控除します。

③　①で控除しきれないものの処理

　①で控除しきれないときは、譲渡所得の金額、次に一時所得の金額（②の控除後）から控除します。

■ 損益通算のしくみ ……………………………………………

　損益通算とは　➡　プラスの所得とマイナスの所得を相殺すること

　赤字を損益通算できる所得は
　　▶ 不動産所得
　　▶ 事業所得
　　▶ 山林所得　これら以外の所得のマイナスは対象外
　　▶ 譲渡所得

④ ②で控除しきれないものの処理

②で控除しきれないときは、これを経常所得の金額（①の控除後の金額）から控除します。

⑤ ③、④で控除しきれないものの処理

③、④の控除をしても控除しきれないときは、まず山林所得の金額から控除し、次に退職所得の金額から控除します。

⑥ 山林所得の損失の処理

山林所得の金額の計算上生じた損失の金額は、経常所得（①または④の控除後）、次に譲渡所得、次いで一時所得の金額（②または③の控除後）、さらに退職所得の金額（⑤の控除後）の順で控除を行います。

損益通算が上記のような順序になっているのは、所得の性質を考慮しているためです。まずは同じ性質の所得と通算し、次に性質の違う所得と通算するという手順になっています。

■ 損益通算の対象 ···

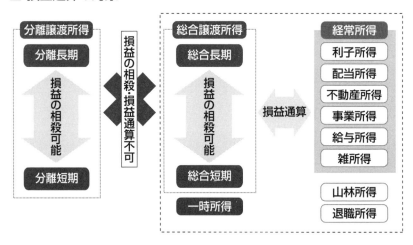

■ 所得税の計算のしくみ ……………………………………………………

（例）物品販売業を営む人の所得税額の算定

Step1. 各種所得の金額の計算

① 事業所得
総収入金額　40,000,000円−必要経費 36,350,603円
＝事業所得の金額 3,649,397円

② 不動産所得
総収入金額 3,600,000円−必要経費 1,600,000円
＝不動産所得の金額 2,000,000円

③ 配当所得
収入金額 69,000円−その元本取得のための負債利子 0円
＝配当所得の金額 69,000円

④ 雑所得（公的年金等）
収入金額 1,012,012円−公的年金等控除額 1,012,012円＝0円

⑤ 合計額　①＋②＋③＋④＝5,718,397円

Step2. 所得控除

医療費控除 74,518円＋社会保険料控除 915,314円＋
生命保険料控除 50,000円＋配偶者控除 380,000円＋
基礎控除 480,000円（※）＝合計額 1,899,832円

Step3. 課税所得金額

各種所得の金額の合計額 5,718,397円−所得控除の合計額
1,899,832円＝3,818,000円（1,000円未満切捨て）

Step4. 所得税額

課税所得金額 3,818,000円 × 税率 20%−控除額 427,500円
＝所得税額 336,100円

Step5. 税額控除

配当控除 6,900円 → 税額控除の合計額 6,900円

Step6. 基準所得税額（再差引所得税額）

所得税額 336,100円−税額控除の合計額 6,900円
＝差引所得税額 329,200円

Step7. 復興特別所得税額

基準所得税額 329,200円 ×2.1%＝6,913円

Step8. 申告納税額

差引所得税額 329,200円 ＋ 復興特別所得税額 6,913円−
源泉徴収税額 4,830円＝331,200円（100円未満切捨て）

※基礎控除は、所得額に応じて0円、16万円、32万円、48万円のいずれか

Q 不動産所得における収入の計上時期や経費について教えてください。収入・経費双方に計上しなければならないのはどんな場合でしょうか。

A 不動産所得は収入から経費を引いた金額になります。収入にあたるものとしては、地代や家賃といった賃貸料が挙げられます。また、礼金、更新料、承諾料なども収入にあたります。敷金や保証金など、退去時などに借主に返還することになっているものは収入にはあたらず、預り金として扱われます。ただし、敷金や保証金のうち、一部あるいは全部を返還しない契約となっている場合は、返還されない部分が収入となります。共同住宅などでは、街灯などの共用部分の維持やゴミ処理などのために共益費を徴収する場合があります。このような共益費も貸主の収入に含まれます。他方で、貸主が実際に支払った共用部分にかかる水道代、電気代その他の諸費用については経費として処理することになります。

●**収入の計上時期について**

　家賃や共益費などについて、収入として計上する時期は原則として次のようになります。

　契約書や慣習などで支払日が定められている場合は、その支払日が収入計上時期となります。これに対して、契約書などで支払日が定められていない場合は、実際に支払いを受けた日になります。

　ただし、請求があったときに支払うことになっている場合は、その請求日になります。建物を賃貸することで一時的に受け取る礼金、更新料、承諾料などについては、賃貸物件の引渡しが必要なものは引渡しのあった日、引渡しが必要ないものは契約の効力が発生した日となります。敷金や保証金で返還の必要がないものについては、返還の必要がないことが確定した日の収入に計上します。

●経費として扱われるもの

経費に含まれるものには、以下のようなものがあります。

① **賃貸用の土地・建物にかかる不動産取得税、固定資産税など**

不動産取得税、登録免許税、固定資産税、都市計画税などは経費に含めることができます。

② **建物にかける火災保険料などの損害保険料**

火災保険料などの損害保険料も経費に含めることができます。

③ **減価償却費**

建物は年を経ると資産価値が下がります。資産価値が下がっていく額を仮定計算し、減価償却費として毎年の経費に計上していきます。

④ **修繕費**

畳やふすまの取替え、壁の塗替えなど収益用不動産にかかる「修繕費」はその年の経費に算入できます。ただし、「資本的支出」(資産の使用可能期間を延長させたり、資産の価値を増大させるような支出)に該当するものは固定資産として計上した上で、耐用年数にわたり減価償却費として費用化していきます。

⑤ **共用部分の水道代、電気代など**

■ 収入となるもの・経費となるもの ……………………………

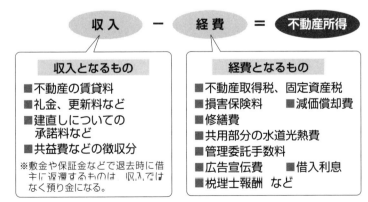

共益費として徴収したものでも、貸主が負担した水道代、電気代などがあれば経費として扱われます。

⑥　不動産管理会社に支払う管理委託手数料等

賃貸用の建物の管理を不動産管理会社に委託している場合は、その管理委託手数料等も経費に含まれます。

⑦　入居者募集のための広告宣伝費

入居者を募集するための広告宣伝費も経費に含めることができます。

⑧　借入金の利息

アパートローンなどの支払利息は経費に算入できます。元本返済額は経費とは認められません。不動産所得の赤字のうち、土地取得にかかる借入金の利息は損益通算できません。

⑨　税理士に支払う報酬

税務申告等を依頼する場合の報酬も経費に含めることができます。

⑩　その他雑費

不動産所得の経費と認められるのは不動産事業のための経費のみです。事業用と家庭用が混在している「家事関連費」については、事業部分を明確に按分計算できる場合に限り経費とすることができます。

●収入・経費双方に計上するものがある

入居者から受け取った礼金や更新料の一部を仲介手数料として不動産会社等に支払うことがあります。この場合の経理処理には、少し注意が必要です。たとえば10万円の礼金を受け取り、そのうち５万円を不動産会社に支払ったとします。このとき、差額の５万円だけを収入に計上するのではなく、礼金10万円を収入、仲介手数料５万円を経費としてそれぞれ総額で計上します。

また、民泊収入が不動産所得となる場合、宿泊費を収入、民泊仲介サイトの手数料を経費として総額で計上することになります。

Q 修繕費は必要経費にあたるのでしょうか。税法上の「修繕費」と「資本的支出」は経費処理が違うと聞きましたが、区別基準についても教えてください。

A 賃貸用の建物や、建物付属設備などの資産は、使用しているうちにトラブルが生じたり、壊れたりして、修繕が必要になります。

　修繕のための費用は一般に「修繕費」といわれますが、税法上はそれを「修繕費」と「資本的支出」とに分けています。

　税法上の「修繕費」は、その年の経費に算入できます。しかし、「資本的支出」の場合は、その「修繕」は資産の追加とみなされ、いったん資産として計上した上で、複数年にわたり減価償却費として経費に算入します。

● **修繕費と資本的支出の基準**

　税法上の「修繕費」と「資本的支出」の区別は、以下のようになります。通常の維持管理のためや、修理して元に戻すための支出が「修繕費」であり、資産の使用可能期間を延長させたり、資産の価値を増大させるような支出は「資本的支出」にあたります。ですから、以下のような支出は、原則として「資本的支出」とみなされます。

① 　建物の増築にかかった支出

② 　屋外階段の設置など、建物に物理的に付け加えたものの支出

③ 　店舗の改装など、改造や改装に必要となった支出

　ただし、以下の場合は、確定申告を行えば、「資本的支出」としてではなく、「修繕費」としてその年の経費に算入することができます。

① 　1つの修理、改良などの金額が20万円未満の少額支出

② 　過去の実績等の事情からみて、その修理、改良等がおおむね3年以内の期間を周期として行われることが明らかである短周期の支出

③ 　1つの修理、改良などの支出の中に「修繕費」か「資本的支出」

か明らかでない費用があり、その費用の額が60万円未満であるか、その資産の前年度末の取得価額のおおむね10％相当額以下である場合や、以下のような支出は「修繕費」に含まれます。

ⓐ 土地の水はけを良くするために砂利などを敷いた場合に、かかった費用

ⓑ 地盤沈下した土地をもとの状態に回復させるために土盛りを行った場合に、かかった費用

ⓒ 建物を曳家（建物を解体せずに行う移動工事のこと）または解体移築した場合に、かかった費用

■ **修繕費と資本的支出の判断基準** ……………………………………

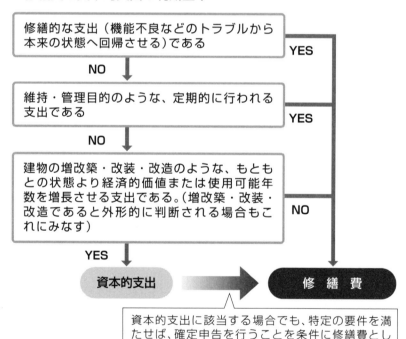

Q 購入した資産は減価償却費として経理処理できる場合とできない場合があると聞きました。減価償却ができる場合の計算例、節税ポイントについて教えてください。

A 減価償却とは、資産のうち、時間が経つにつれてその価値が減っていくものに関して適用されます。機械設備などが代表的です。機械設備は、使っているうちに古くなりますので、性能も落ちて来ます。したがって、それに伴って機械設備そのものの価値も減っていくと考えられます。100万円で買った機械設備は買った当初は100万円の価値がありますが、長い間使っていくうちに価値が減り、最後には、売ろうとしても誰も引き取り手がいなくなる、つまり無価値になります。減価償却とは、このように資産の価値から、時間の経過に伴って減っていく分（毎年一定の金額や割合）を費用として引いていくことです。その引いていく額を減価償却費と呼びます。

したがって、同じ固定資産でも、土地や返済期間が長期にわたる貸付金のように、時間が経過しても価値が減らないものには税務上は適用されません。また、1年未満しか使えないものや、最初から10万円未満の価値しかない資産に関しても適用されません。

減価償却の仕方には、主に定額法と定率法の2つがあります。定額法は毎年一定の金額を費用計上する方法です。定率法は、その資産の償却費として計上していない部分の金額（「未償却残高」といいます）に一定の割合を掛けて費用を計上する方法です。費用計上を開始してからその資産の価値がゼロになるまでの期間を耐用年数といいます。耐用年数は、税法で資産の種類によって細かく決められています。したがって、経理実務では、決められた耐用年数に従って定額法か定率法で減価償却を行うことになります。

たとえば、100万円で購入した物の耐用年数が10年だった場合、定額法では、毎年、資産を購入したときの価格の10％、つまり、10万円

ずつを減価償却します。定率法では、未償却残高に20％（平成24年4月1日以降取得分）を掛けた金額を減価償却費とします。

　減価償却費を算出するときに使う掛け算の率（上記の場合、定額法であれば10％、定率法であれば20％）も耐用年数ごとに決まっていますので、計算の際には、確認する必要があります。決算では、貸借対照表に毎年の減価償却費の合計した金額と減価償却後の資産の価格がわかるような方法で記載していきます。減価償却後の資産価格を帳簿価格といいます。また、毎年の減価償却費を合計した金額を減価償却累計額といいます。

●減価償却の方法と計算例

　平成10年4月1日以降に取得した建物の償却方法は、税務上定額法のみ認められています。また、平成28年4月1日以降に取得した建物付属設備は、定額法となります。建物付属設備には、照明設備などの電気設備、給排水設備、ガス設備、冷暖房設備、エレベーター、消火設備、排煙設備、災害報知設備、扉自動開閉設備なども含まれます。

　減価償却については、平成19年4月1日以降に取得した資産については計算方法が変更されているため、以下では、平成19年4月1日以降に取得した資産を対象にして、減価償却費を計算してみます。

■ 減価償却とは ……………………………………………………………

機械や建物などの価値は、使用又は期間の経過により減少する

↓

取得価額を購入時に費用化するのではなく、耐用年数にわたって費用化する

| 会計期間Ⅰ | 会計期間Ⅱ | 会計期間Ⅲ | 会計期間Ⅳ | 減価償却 |

機械等の取得価額

資産の購入価格を100万円とします。資産の種類ごとに法定の耐用年数が定められていますが、この資産の法定耐用年数は10年だとします。また、１年目も１年間まるまるその資産を使用したものとします。

　定額法の場合、資産の取得価格である100万円に、耐用年数が10年の場合の定額法の「償却率」である0.100を掛けることで、毎年の減価償却費10万円が算出されます。ただし、10年目だけは、減価償却費は99,999円です。定率法の場合は、法定耐用年数が10年の資産の「償却率」「改定償却率」「保証率」はそれぞれ0.200、0.250、0.06552です（平成24年４月１日以降に取得された資産の場合）。なお、取得日が平成19年４月１日から平成24年３月31日までと、平成24年４月１日以降とでは、定率法で適用される償却率が異なります。

　まず、資産の取得価格1,000,000円に「保証率」0.06552を掛けて、「保証額」65,520円を算出しておきます。

　１年目の減価償却費は、資産の取得価格である1,000,000円に「償却率」0.200を掛けた200,000円です。そうすると、２年目の期首未償却残高は800,000円となり、２年目の減価償却費はその額に「償却率」0.200を掛けた160,000円になります。以後も同じです。

■ 減価償却の方法

償却方法	償却限度額の算式
定額法	取得価額 ×　耐用年数に応じた　※平成19年４月１日以降 定額法の償却率　　取得分
定率法	（取得価額－既償却額）×　耐用年数に応じた 定率法の償却率
生産高比例法	$\dfrac{\text{取得価額－残存価額}}{\text{耐用年数と採堀予定年数のうち}\atop\text{短い方の期間内の採堀予定数量}}$ × 採堀数量
リース期間定額法	$\left(\dfrac{\text{リース資産}}{\text{の取得価額}}-\dfrac{\text{残価}}{\text{保証額}}\right)\times\dfrac{\text{当該事業年度のリース期間の月数}}{\text{リース期間の月数}}$

この計算で行くと、6年目、7年目の減価償却費は65,536円、52,429円になります。7年目で「保証額」65,520円より少なくなりますので、ここから計算方法が変わります。7年目以降は毎年、減価償却費は同額で、7年目の期首未償却残高262,144円に「改定償却率」0.250を掛けた65,536円です。ただし、10年目だけは、期首未償却残高から1円を引いた額が、減価償却費になります。

● 減価償却と節税

　減価償却資産を購入した場合、通常購入費の全額を1年目に支払いますが、1年目に支払額全額が経費に計上されません。お金は払ったのに経費にならず、その分税金を支払うことになります。翌年以降はお金を払わずに経費になるので、耐用年数を終えた時には同じになります。一般的には、当初の減価償却額が大きい定率法を採用したほうが節税になると考えられています。工具器具備品などで計上した資産の減価償却方法は、定額法か定率法か選択できますが、法定償却方法は法人が定率法、個人は定額法と定められています。法定償却方法と異なる償却方法を選択する場合は、税務署への届出が必要です。

■ 耐用年数 ……………………………………………………………

法定耐用年数 ▶ 固定資産の種類・用途・細目ごとに画一的に定めた耐用年数

課税の公平化の観点から恣意性を排除するもの

税務上の法定耐用年数は「耐用年数省令」で詳細に定めている

課税所得を計算してみよう

事例問題で計算方法を確認する

■■ 具体的なケースで検討してみる

　不動産所得の計算方法について、具体的な事例問題を使ってみていきましょう。

　令和6年1月に甲氏は、自己資金2,000万円と銀行からの融資5,500万円を元手に、賃貸用アパートを購入しました。物件の購入価格、家賃収入、及びかかった経費は以下のとおりです。

　なお、甲氏には本件の不動産所得以外に給与所得が400万円あります。

・**不動産の購入価格**

　土地　5,000万円

　建物　2,000万円（耐用年数47年）

　器具備品　100万円（耐用年数15年）

　器具備品については定率法による減価償却を選択しており、適正に税務署に届け出ています。

・**収入**

　月額　50万円（年間600万円）

　権利金　30万円（借主に対して返還義務なし）

・**取得のためにかかった経費**

　不動産取得税　100万円

　登録免許税　10万円

　銀行への返済（元本部分）240万円

　銀行からの借入利息　250万円

・**その他の経費**

管理費等　月額10万円（年間120万円）

　　固定資産税、都市計画税　12万円

■■ 具体的な課税所得額

　不動産所得は、その年の不動産収入からその年にかかった経費の合計を控除して計算します。前述の事例の場合、計算方法は以下のとおりです。①から②を控除した金額が甲氏の不動産所得となります。

①　収入金額

　600万円+30万円=630万円

②　経費

　管理費等、税金、減価償却費が経費となります。

　まず、前述した事例から、管理費等として120万円、税金として、122万円（不動産取得税100万円＋登録免許税10万円＋固定資産税12万円）が経費となります。減価償却費については、以下のように、建物と建物付属設備について分けて検討します。

・建物（定額法）

　平成10年4月1日以降取得した建物については、税務上認められる償却方法は定額法のみとなります。

　定額法による減価償却費は、取得価額（取得にかかった支出額）に対し、耐用年数に応じた定額法の償却率を掛けて求めます。ただしこれは年間を通じて使用した場合の減価償却費となるので、年度の途中で資産を取得した場合は、算出した減価償却費の年額を、さらに12か月分のうちの使用月数で按分します（たとえば8か月の場合、「12分の8」を乗じることになります）。

　耐用年数47年の場合の償却率は0.022、事業に使用した月数は1月〜12月までの12か月間ですので、アパートの減価償却費の計算は以下のようになります。

2,000万円×0.022×12／12＝440,000円

・**器具備品（定率法）**

定率法による減価償却費は、取得価額に耐用年数に応じた定率法の償却率を掛けて求めます。前述の建物と同じく、年度の途中で取得した場合は12か月分のうちの使用月数で按分します。

平成19年4月1日以降に取得した定率法の計算方法では、資産の残価が一定金額に到達した後は、均等償却に切り替わります。この均等償却に切り替わる目安となる金額を「保証額」といい、均等償却による償却率を「改定償却率」といいます。

したがって、定率法の場合、減価償却費の計算をする前に資産の残存簿価と保証額を比較します。保証額は取得価額×保証率で求めます。資産の残存簿価が保証額を下回った場合には、その残存簿価に「改定償却率」を用いて減価償却費を計算します。例題は購入したばかりの資産であるため、通常の償却率で計算することは明らかですが、保証額を下回っているかどうかの判定方法のみ紹介します。

耐用年数15年の場合、定率法の償却率は0.133、保証率は0.04565（償却率は、平成24年4月1日以降取得した場合）です。また、事業として使用した月数は建物と同じ12か月ですので、器具備品の減価償却費の計算は、以下のようになります。

　㋑　償却額100万円×0.133×12／12＝133,000円

　㋺　保証額100万円×0.04565＝45,650円

　㋑≧㋺　∴133,000円

減価償却費計

440,000円＋133,000円＝573,000円

・**借入利息　250万円**

・**経費合計**

120万円＋122万円＋573,000円＋250万円＝5,493,000円

③　**所得の金額**

①収入630万円－②経費5,493,000円＝807,000円

④　借入利息が350万円の場合

　借入利息が350万円であった場合、経費の合計は、120万円＋122万円＋573,000円＋350万円＝6,493,000円。不動産所得は6,300,000円－6,493,000円＝△193,000円となります。「△」はマイナスを意味します。つまり不動産所得は193,000円の赤字ということです。結果として、給与所得400万円のみが所得税の課税対象となります。

　不動産所得がマイナスの場合ですが、通常給与所得と「損益通算」することができます。損益通算とは、マイナスの金額を他の所得から差し引くことをいいます。ところが土地を取得するために要した借入金利息については、損益通算ができないという規定があります。

　この事例の場合、マイナス部分の金額193,000万円＜借入利息350万円ということで、マイナス部分は借入利息で構成されていると考えるため、損益通算はできません。

■　課税所得の計算例 ……………………………………………………

● 不動産所得の計算

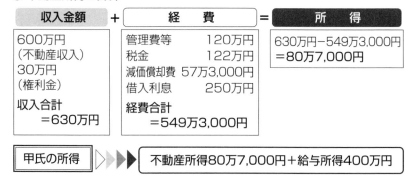

4 有利な青色申告制度について知っておこう

個人も法人も青色申告を選択して税制上の特典を受ける

青色申告には税務上の特典がある

確定申告には、青色申告と白色申告があります。

青色申告とは、所定の帳簿を備え付けて日々の取引を記録すると共に、その記録に基づき所得を正確に計算して申告する人は、税務上の特典が受けられる制度です。

青色申告者となるには、複式簿記による帳簿書類または簡易帳簿を作成することが必要となります。

所得税の青色申告を選択できる人は、①不動産所得、②事業所得、③山林所得のいずれかの所得を得ている納税者に限られています。

新たに青色申告で確定申告をしようとする場合には、その年の3月15日までに「所得税の青色申告承認申請書」を所轄の税務署に提出して承認を受けなければなりません。ただし、新規に開業する人は、1月15日以前に開業したときはその年の3月15日までに、1月16日以降の場合は開業の日から2か月以内に提出する必要があります。遅れると青色申告できる年が1年延びてしまいますので要注意です。

どんなメリットがあるのか

個人開業する者が青色申告をした場合には、主に以下のような種々の特典が認められています。

① 青色事業専従者給与

専従者給与を必要経費として処理できます。専従者給与とは、妻や子どもが仕事を手伝い、事業に従事している場合の給与のことです。なお、青色事業専従者給与額を必要経費に算入して処理する場合には、

「青色事業専従者給与に関する届出書」を提出することが必要です。

②　純損失の繰越控除や繰戻し

純損失の繰越控除とは、損失を赤字の出た年の翌年から３年間（法人における欠損の場合は10年間。平成30年３月31日以前に開始する事業年度で生じた法人の損失については９年間）にわたって繰り越し、所得から控除することができる制度です。これは翌年以降に黒字化した場合に節税効果が見込め、大きなメリットとなります。

純損失の繰戻しとは、その年に生じた損失は、確定申告書と共に所定の還付請求書を提出することにより、前年分の税額の一部または全額から相当額の還付が受けられる制度です。これは翌年度に赤字が見込まれる場合に力を発揮します。

③　青色申告特別控除

所得の計算上、一定の事業を行い複式簿記で記帳し、確定申告書をe-Tax（電子申告）で提出するか、仕訳帳および総勘定元帳の電子帳簿保存を行う場合には65万円、複式簿記で記帳するが電子申告または電子帳簿保存を行わない場合には55万円、単式簿記で記帳する場合には10万円を控除できます。

■■ 法人の青色申告

青色申告は個人開業した場合だけでなく、株式会社などの法人を設立した場合にも利用することができます。法人が利益を上げると、個人の所得税にあたる法人税が課されるので、法人税について「青色申告の承認申請書」を提出することになります。

個人開業をする場合に検討する所得税の青色申告については、青色申告ができる者について「不動産所得・事業所得・山林所得を生ずべき業務を行う者」という限定がありますが、法人税の場合には、業種を問わず、①法定の帳簿書類を備え付けて取引を記録・保存すること、②「青色申告の承認申請書」を所轄の税務署長に提出して承認を受け

ること、の２つの条件を満たすことで青色申告が認められます。

■ 法人が青色申告する場合の手続き

　青色申告の承認を受けようとする法人は、その事業年度開始の日の前日までに「青色申告の承認申請書」を納税地の所轄税務署長に提出しなければなりません。ただし、設立第１期の場合には、設立の日以後３か月を経過した日と設立第１期の事業年度終了の日のうち、どちらか早い日の前日までに申請書を提出することになっています。

　前述したように、法定の帳簿書類の備付けと取引の記録・保存が青色申告をするための要件とされているため、青色申告法人は、仕訳帳、総勘定元帳、棚卸表などの帳簿書類を備え付ける他、その事業年度終了の日現在において、貸借対照表および損益計算書を作成しなければなりません。帳簿（仕訳帳、総勘定元帳、固定資産台帳など）および書類（棚卸表、貸借対照表、損益計算書、注文書、契約書、領収書など）は申告期限の翌日から７年間（欠損年度は10年）保存することが要求されています。

■ 青色申告のメリット ……………………………………………

- ● 家族を従業員とする場合に、家族の給料を必要経費にできる
- ● 純損失の繰越控除や繰り戻しができる
- ● 青色申告特別控除として最高65万円控除できる
- ● 引当金を設定することができる
- ● 少額減価償却資産の一括経費計上
- ● 特別償却・特別控除が適用できる

税務署受付印　　　　　　　　　　　　　　　　　　　　　　　　　　　　　　　　1　0　9　0

所得税の青色申告承認申請書

大田　　税務署長	納税地	○住所地・○居所地・✓事業所等（該当するものを選択してください。） （〒○○○－○○○○） **東京都大田区△△○－○－○** （TEL 03 － xxxx － xxxx）
6 年 4 月 5 日提出	上記以外の 住 所 地・ 事 業 所 等	納税地以外に住所地・事業所等がある場合は記載します。 （〒　　－　　　） 　　　　　　　　　　　　　　　　　（TEL　　　－　　　－　　　）

フ リ ガ ナ	ニシグチ　　ユキオ	生 年 月 日	○大正 ✓昭和 48 年 3 月 1 日生 ○平成 ○令和
氏　　　名	**西口　幸雄** ㊞		
職　　　業	**不動産業**	屋 号 　フリガナ ニシホーム **西ホーム**	

令和 6 年分以後の所得税の申告は、青色申告書によりたいので申請します。

1　事業所又は所得の基因となる資産の名称及びその所在地（事業所又は資産の異なるごとに記載します。）

名称　　　**本店**　　　　所在地　　**東京都大田区△△○－○－○**

名称　　　　　　　　　　　　所在地

2　所得の種類（該当する事項を選択してください。）

　○事業所得　・✓不動産所得　・○山林所得

3　いままでに青色申告承認の取消しを受けたこと又は取りやめをしたことの有無

　(1)　○有（○取消し・○取りやめ）　　　年　　月　　日　　(2)　✓無

4　本年1月16日以後新たに業務を開始した場合、その開始した年月日　　6 年 4 月 1 日

5　相続による事業承継の有無

　(1)　○有　相続開始年月日　　　年　　月　　日　　被相続人の氏名　　　　　　　　　　(2)　✓無

6　その他参考事項

　(1)　簿記方式（青色申告のための簿記の方法のうち、該当するものを選択してください。）

　　　✓複式簿記・○簡易簿記・○その他（　　　　　　　　　　　　　）

　(2)　備付帳簿名（青色申告のため備付ける帳簿名を選択してください。）

　　　✓現金出納帳・✓売掛帳・✓買掛帳・✓経費帳・✓固定資産台帳・✓預金出納帳・○手形記入帳
　　　○債権債務記入帳・✓総勘定元帳・✓仕訳帳・✓入金伝票・✓出金伝票・✓振替伝票・○現金式簡易帳簿・○その他

　(3)　その他

関与税理士 　　　　　　（TEL　　－　　－　　）	税 務 署 整 理 欄	整 理 番 号		関係部門 連　絡	A	B	C	
		0						
		通 信 日 付 印 の 年 月 日		確認印				
		年　　月　　日						

書式　法人税の青色申告承認申請書

青色申告の承認申請書

※整理番号

税務署受付印

令和 6 年 5 月 20 日

大田 税務署長殿

納　税　地	〒144-○○○○ 東京都大田区×××× ○-○-○ 電話(03)○○○○-○○○○
(フ リ ガ ナ)	カブシキガイシャ　ニシホーム
法 人 名 等	株式会社　西ホーム
法 人 番 号	××××××××××××
(フ リ ガ ナ)	ニシグチ　ユキオ
代表者氏名	西口　幸雄
代表者住所	〒160-○○○○ 東京都新宿区×××× ○-○-○
事 業 種 目	不動産　業
資 本 金 又 は 出 資 金 額	5,000,000 円

自令和 6 年 5 月 9 日
至令和 7 年 3 月 31 日

事業年度から法人税の申告書を青色申告書によって提出したいので申請します。

記

1　次に該当するときには、それぞれ□にレ印を付すとともに該当の年月日等を記載してください。

□　青色申告書の提出の承認を取り消され、又は青色申告書による申告書の提出をやめる旨の届出書を提出した後に再び青色申告書の提出の承認を申請する場合には、その取消しの通知を受けた日又は取りやめの届出書を提出した日　平成・令和　年　月　日

☑　この申請後、青色申告書を最初に提出しようとする事業年度が設立第一期等に該当する場合には、内国法人である普通法人若しくは協同組合等にあってはその設立の日、内国法人である公益法人等若しくは人格のない社団等にあっては新たに収益事業を開始した日、公共法人に該当していた収益事業を行う公益法人等にあっては当該公益法人等に該当することとなった日、又は公共法人若しくは収益事業を行っていない公益法人等に該当していた普通法人若しくは協同組合等にあっては当該普通法人若しくは協同組合等に該当することとなった日　平成・令和 6 年 5 月 9 日

□　所得税法等の一部を改正する法律（令和2年法律第8号）（以下「令和2年改正法」といいます。）による改正前の法人税法（以下「令和2年旧法人税法」といいます。）第4条の5第1項（連結納税の承認の取消し）の規定により連結納税の承認を取り消された後に青色申告書の提出の承認を申請する場合には、その取り消された日　平成・令和　年　月　日

□　令和2年旧法人税法第4条の5第2項各号の規定により連結納税の承認を取り消された場合には、同項各号のうち、取消しの基因となった事実に該当する号及びその事実が生じた日　令和2年旧法人税法第4条の5第2項第　号　平成・令和　年　月　日

□　連結納税の取りやめの承認を受けた日を含む連結親法人事業年度の翌事業年度に青色申告書の提出をしようとする場合には、その承認を受けた日　令和　年　月　日

□　令和2年改正法附則第29条第2項の規定による届出書を提出した日を含む最終の連結事業年度の翌事業年度に青色申告書の提出をしようとする場合には、その届出書を提出した日　令和　年　月　日

2　参考事項

(1)　帳簿組織の状況

伝 票 又 は 帳 簿 名	左の帳簿 の 形 態	記帳の 時 期	伝 票 又 は 帳 簿 名	左の帳簿 の 形 態	記帳の 時 期
仕訳帳	会計ソフト	毎月	売掛帳	表計算ソフト	毎月
総勘定元帳	会計ソフト	毎月	買掛帳	表計算ソフト	毎月
現金出納帳	表計算ソフト	毎日	固定資産台帳	表計算ソフト	毎月

(2)　特別な記帳方法の採用の有無
イ　伝票会計採用
ロ　電子計算機利用

(3)　税理士が関与している場合におけるその関与度合

税 理 士 署 名	

※税務署 処理欄	部 門	決算 期	業種 番号	番 号	入 力	備 考	通信 日付印	年 月 日	確認

（規格A1）

05.06 改正

5 各種届出について知っておこう

事前の周到な届出がスムーズな申告につながる

■■ 税金関係の届出書類の種類

個人で開業する場合、法人を設立して開業する場合、それぞれ、税務署への届出が必要です。事業形態によって提出書類が異なることがあるため、税務署に提出書類を確認することが大切です。

・個人で開業する場合

個人で開業する場合の届出書類は、法人と比較して少なくて済みます。所得税に関連する主な届出は下図のとおりです。

■ 個人が新たに事業を始めた時の所得税についての主な届出 ……

税目	届出書	内容	提出期限
申告所得税	個人事業の開廃業等届出書	事業の開廃業や事務所等の移転があった場合	事業開始等の日から1か月以内
	所得税の青色申告承認申請書	青色申告の承認を受ける場合（青色申告の場合には各種の特典がある）	承認を受けようとする年の3月15日まで（その年の1月16日以後に開業した場合には、開業の日から2か月以内）
	青色事業専従者給与に関する届出書	青色事業専従者給与を必要経費に算入する場合	青色事業専従者給与額を必要経費に算入しようとする年の3月15日まで（その年の1月16日以後開業した場合や新たに事業専従者を使いだした場合には、その日から2か月以内）
	所得税の棚卸資産の評価方法・減価償却資産の償却方法の届出書	棚卸資産の評価方法および減価償却資産の償却方法を選定する場合	開業した日の属する年分の確定申告期限まで

その他の提出書類としては、従業員を雇い給与などを支払う場合の「給与支払事務所等の開設届出書」、源泉所得税の納付について、半年分をまとめて納付する特例を利用する場合の「源泉所得税の納期の特例の承認に関する申請書」があります。

・法人を設立して開業する場合

株式会社など法人を設立した場合、納税地（会社が存在する場所）の所轄税務署長に納税地・事業の目的・設立の日などを記載した「法人設立届出書」を提出します。その他提出が必要になる主な書類は下図のとおりです。

■ 新たに会社を設立した場合に税務署に届出が必要になる主な書類…

提出書類	添付書類	提出期限
法人設立届出書	定款等の写し	設立登記の日以後　2か月以内
青色申告の承認申請書	なし	設立の日以後3か月を経過した日の前日と設立第1期の事業年度終了の日の前日のうち早い方
棚卸資産の評価方法の届出書	なし	普通法人を設立した場合は、設立第1期の確定申告書の提出期限まで
減価償却資産の償却方法の届出書	なし	普通法人を設立した場合は、設立第1期の確定申告書の提出期限まで

※　個人・法人問わず、国内において給与の支払事務を取り扱う事務所などを開設する場合には、事業所開設の日以後1か月以内に「給与支払事務所等の開設・移転・廃止届出書」を提出する。

※　個人・法人問わず、給与の支給人員が常時10人未満である源泉徴収義務者で、預り源泉税の納付が半年ごとになる制度の適用を受けようとする源泉徴収義務者は「源泉所得税の納期の特例の承認に関する申請書」を提出する。

税務署受付印	1 0 4 0

個人事業の開業・廃業等届出書

大田 税務署長	

6 年 4 月 5 日提出

納　税　地	○住所地・○居所地・✓事業所等（該当するものを選択してください。） （〒 141 － 0000 ） **東京都大田区△△○－○－○** （TEL　03 － x x x x － x x x x ）
上記以外の 住所地・ 事業所等	納税地以外に住所地・事業所等がある場合は記載します。 （〒　　－　　） （TEL　　－　　－　　）
フリガナ 氏　　名	ニシグチ　ユキオ **西口　幸雄** ㊞	生年月日 ○大正 ✓昭和 ○平成 ○令和　48年 3 月 1 日生
個人番号	× × × × × × × × × × × ×
職　　業	**不動産業**	フリガナ　ニシホーム 屋　号　**西ホーム**

個人事業の開廃業等について次のとおり届けます。

届出の区分	✓開業（事業の引継ぎを受けた場合は、受けた先の住所・氏名を記載します。） 　住所　　　　　　　　　　　　　　　　　氏名 　事務所・事業所の（○新設・○増設・○移転・○廃止） ○廃業（事由） 　（事業の引継ぎ（譲渡）による場合は、引き継いだ（譲渡した）先の住所・氏名を記載します。） 　住所　　　　　　　　　　　　　　　　　氏名
所得の種類	✓不動産所得・○山林所得・○事業（農業）所得〔廃業の場合……○全部・○一部（　　　　　）〕
開業・廃業等日	開業や廃業、事務所・事業所の新増設等のあった日　 6 年 4 月 1 日
事業所等を 新増設、移転、 廃止した場合	新増設、移転後の所在地　　　　　　　　　　　（電話）
	移転・廃止前の所在地
廃業の事由が法 人の設立に伴う ものである場合	設立法人名　　　　　　　　　　　代表者名
	法人納税地　　　　　　　　　　設立登記　　　年　　月　　日
開業・廃業に伴 う届出書の提出 の有無	「青色申告承認申請書」又は「青色申告の取りやめ届出書」　✓有・○無
	消費税に関する「課税事業者選択届出書」又は「事業廃止届出書」　✓有・○無
事業の概要 できるだけ具体 的に記載します。	**不動産賃貸・管理業**

給与等の支払の状況	区　分	従事員数	給与の定め方	税額の有無	その他参考事項
	専従者	1 人		✓有・○無	
	使用人	10		✓有・○無	
	計	11		○有・○無	
	源泉所得税の納期の特例の承認に関する申請書の提出の有無		✓有・○無	給与支払を開始する年月日　 6 年 4 月 25 日	

関与税理士 （TEL　　－　　－　　）	税務署整理欄	整理番号		関係部門連絡	A	B	C	番号確認	身元確認
		0							□ 済 □ 未済
		源泉用紙交付	通信日付印の年月日	確認印	確認書類 個人番号カード／通知カード・運転免許証 その他（　　　　）				
			年　月　日						

書式　法人設立届出書

法人設立届出書

※ 整理番号

税務署受付印	

令和 6 年 5 月20日

大田 税務署長殿

新たに内国法人を設立したので届け出ます。

本店又は主たる事務所の所在地	〒144-○○○○ 東京都大田区××××○-○-○ 電話（ 03)○○○○-○○○○
納 税 地	〒 同上
（フリガナ）	カブシキガイシャ　ニシホーム
法 人 名	株式会社　西ホーム
法 人 番 号	××××××××××××××
（フリガナ）	ニシグチ　ユキオ
代 表 者 氏 名	西口　幸雄
代 表 者 住 所	〒160-○○○○ 東京都新宿区××××○-○-○ 電話（03)××××-××××

設立年月日	令和 6 年 5 月 9 日	事 業 年 度	（自）4 月 1 日（至）3 月 31 日
設立時の資本金又は出資金の額	5,000,000 円	消費税の新設法人に該当することとなった事業年度開始の日	令和　年　月　日

事業の目的	（定款等に記載しているもの） 1. 不動産の売買、賃貸、仲介及び管理 2. 宅地建物取引業　3. 不動産の鑑定業務 4. 貸会場の経営　5. ビルメンテナンス業 6. 上記各号に付随する一切の業務 （現に営んでいる又は営む予定のもの） ・不動産の売買、賃貸、仲介及び管理 ・貸会場の経営 ・ビルメンテナンス業	支店・出張所・工場等	名 称	所 在 地

設 立 の 形 態	① 個人企業を法人組織とした法人である場合（　　　　税務署）(整理番号：　　　) 2　合併により設立した法人である場合 3　新設分割により設立した法人である場合（□分割型・□分社型・□その他） 4　現物出資により設立した法人である場合 5　その他（　　　　　　　　）	添付書類	① 定款等の写し 2 その他 （　　　　　　）
設立の形態が 2 ～ 4 である場合の適格区分	適 格・その他		
事業開始（見込み）年月日	令和 6 年 5 月 9 日		
「給与支払事務所等の開設届出書」提出の有無	有 ・ 無		

関与税理士	氏　名	
	事務所所在地	電話（　　）　　-

税 理 士 署 名	

※税務署処理欄	部門	決算期	業種番号	番号	入力	名簿	通信日付印	年 月 日	確認

03. 06 改正

（規格A4）

※整理番号

給与支払事務所等の（開設）・移転・廃止届出書

税務署受付印	事務所開設者	住所又は本店所在地　〒144-○○○○　東京都大田区××××○-○-○　電話（03）××××-××××
令和6年5月20日		（フリガナ）カブシキガイシャ　ニシホーム　氏名又は名称　株式会社　西ホーム
大田　税務署長殿		個人番号又は法人番号　×××××××××××××
所得税法第230条の規定により次のとおり届け出ます。		（フリガナ）ニシグチ　ユキオ　代表者氏名　西口　幸雄

（注）「住所又は本店所在地」欄については、個人の方については申告所得税の納税地、法人については本店所在地（外国法人の場合には国外の本店所在地）を記載してください。

開設・移転・廃止年月日	令和6年5月9日	給与支払を開始する年月日	令和6年5月24日

○届出の内容及び理由
（該当する事項のチェック欄□に✓印を付けてください。）

開設　✓開業又は法人の設立　□上記以外　※本店所在地等とは別の所在地に支店等を開設した場合

移転　□所在地の移転　□既存の給与支払事務所等への引継ぎ　（理由）□法人の合併　□法人の分割　□支店等の閉鎖　□その他（　）

廃止　□廃業又は清算結了　□休業

その他（　）

「給与支払事務所等について」欄の記載事項

開設・異動前	異動後
開設した支店等の所在地	
移転前の所在地	移転後の所在地
引継ぎをする前の給与支払事務所等	引継先の給与支払事務所等
異動前の事項	異動後の事項

○給与支払事務所等について

	開設・異動前	異動後
（フリガナ）氏名又は名称		
住所又は所在地	〒　電話（　）－	〒　電話（　）－
（フリガナ）責任者氏名		

従事員数	役員1人	従業員4人	（専従者）人	（使用人）人（　）人	計5人

（その他参考事項）

税理士署名

※税務署処理欄	部門	決算期	業種番号	入力	名簿等	用紙交付	通信日付印	年月日	確認
	番号確認　身元確認□済□未済	確認書類　個人番号カード/通知カード・運転免許証　その他							

03.06改正

規格A4

122

書式　源泉所得税の納期の特例の承認に関する申請書

源泉所得税の納期の特例の承認に関する申請書

	※整理番号	

税務署受付印

令和 6 年 2 月 6 日

品川 税務署長殿

住所又は本店の所在地	〒 141-0000 東京都品川区△△○-○-○ 電話　03 － ××××－××××
（フリガナ） 氏名又は名称	カブシキガイシャミドリフドウサン **株式会社緑不動産**
法人番号	※個人の方は個人番号の記載は不要です。 ×｜×｜×｜×｜×｜×｜×｜×｜×｜×｜×｜×｜×
（フリガナ） 代表者氏名	スズキ　　　タロウ **鈴木　太郎**

次の給与支払事務所等につき、所得税法第 216 条の規定による源泉所得税の納期の特例についての承認を申請します。

給与支払事務所等に関する事項	給与支払事務所等の所在地 ※　申請者の住所（居所）又は本店（主たる事務所）の所在地と給与支払事務所等の所在地とが異なる場合に記載してください。	〒 電話　　　　－　　　　－		
	申請の日前 6 か月間の各月末の給与の支払を受ける者の人員及び各月の支給金額 〔外書は、臨時雇用者に係るもの〕	月 区 分	支 給 人 員	支 給 額
		年　　月	外 　　　　　　　人	外 　　　　　　　円
		年　　月	外 　　　　　　　人	外 　　　　　　　円
		年　　月	外 　　　　　　　人	外 　　　　　　　円
		年　　月	外 　　　　　　　人	外 　　　　　　　円
		年　　月	外 　　　　　　　人	外 　　　　　　　円
		年　　月	外 　　　　　　　人	外 　　　　　　　円
	1　現に国税の滞納があり又は最近において著しい納付遅延の事実がある場合で、それがやむを得ない理由によるものであるときは、その理由の詳細 2　申請の日前 1 年以内に納期の特例の承認を取り消されたことがある場合には、その年月日			

税 理 士 署 名	

※税務署処理欄	部門	決算期	業種番号	番号	入力	名簿	通信日付印	年月日	確認	

03.06 改正

6 確定申告について知っておこう

青色申告決算書も作成する必要がある

■■ 確定申告と予定納税

　確定申告とは、所得税などを納税者が自ら計算して税額を確定し、税務署に申告することをいいます。個人の確定申告は、毎年2月16日から3月15日の1か月間に所轄の税務署に対して行います。対象となるのは、前年の1月1日から12月31日までの1年間のすべての所得です。納税の場合の納付期限も確定申告期限の3月15日です。この期限までに申告・納付をしないときは、無申告加算税や延滞税といった罰金的な税金が課されます。もっとも、振替納税を利用すると4月中旬の銀行引落しになり、利子税などもかからないので便利です。また、クレジットカード納付も利用できます。

　確定申告が終わらないと所得税額は確定しません。しかし、年に一度の納付では、国の歳入面でも好ましくありません。そこで、予定納税という制度が設けられます。これは、所得税の対象となる年の7月と11月に、それぞれ前年の所得税の3分の1程度を納税するという制度です。残りの3分の1程度の納税額を正確に計算した上で、翌年3月の確定申告時に納税するわけです。対象者は、その年の5月15日現在において確定している前年分の所得金額や税額などをもとに計算した「予定納税基準額」が15万円以上の人です。

　「予定納税基準額」は、おおむね以下のようになります。

① 　前年分の所得金額のうちに、山林所得、退職所得などの分離課税の所得や、譲渡所得、一時所得、雑所得、平均課税を受けた臨時所得の金額がない場合、前年分の申告納税額がそのまま「予定納税基準額」になります。

② 上記の①に該当しない人の場合は、前年分の課税総所得金額と分離課税の上場株式等に対する課税配当所得の金額の合計に対する所得税額から源泉徴収税額を引いた金額になります。

「予定納税基準額」が15万円以上になる人に対しては、所轄の税務署長からその年の6月15日までに文書で予定納税額が通知されます。

なお、前年の所得は多くても、今年の所得が前年ほどは多くならない予定の人もいます。その年の6月30日の状況で所得税等の見積額が「予定納税基準額」よりも少なくなる人は、7月15日までに税務署に「予定納税額の減額申請書」を提出し、それが承認されれば予定納税額は減額されます。11月納税分の予定納税額だけの減額申請は、10月31日の状況で判断し、11月15日までに税務署宛に行います。

■■ 不動産所得の確定申告と提出書類

アパート経営などによる不動産所得が年20万円を超えると、確定申

■ 所得税の確定申告の流れ ·······················

（課税所得金額 × 税率）－税額控除額－（源泉徴収税額・予定納税額）
＝ 納付税額または還付税額

告が必要になります。確定申告に際して税務署へ提出する書類には、確定申告書の他、決算書などの添付書類があります。決算書とは「青色申告決算書（不動産用）」を指します。なお、税務署に対して青色申告承認申請の届出をしていない場合は白色申告となり、決算書ではなく「収支内訳書」を作成することになります。

　青色申告決算書とは、不動産収入から経費などを差し引いて所得税計算の対象となる所得金額を算出した書類などを指します。そして、所得金額などをもとに納付すべき所得税額を計算する書類が「確定申告書」です。この確定申告書に青色申告決算書や後述する保険料等の控除証明書などを添付して税務署に提出します。

■■ 青色申告決算書作成上の注意点

　不動産所得用の青色申告決算書は、①損益計算書、②不動産所得の収入の内訳等、③減価償却費の計算等、④貸借対照表の４ページで構成されています。

①　損益計算書は、１年間の不動産事業による収入金額と必要経費などからその年の儲けを計算した、いわば不動産事業の成績表です。

　損益計算書では、必要経費項目以外に専従者給与と青色申告特別控除額を収入金額から差し引くことができます。専従者給与とは、事業主の家族で不動産賃貸の事業に携わっている者へ支払った給与です。ただし、専従者給与として差し引くには「青色専従者給与に関する届出書」を事前に税務署へ提出しておく必要があります。

　これらを差し引いた残りが損益計算書の所得金額となります。

②　不動産所得の収入の内訳では、賃貸収入の詳細を記入します。賃貸用不動産がマンションであれば、部屋ごとに記入するのが原則です。また、賃貸契約終了後に返還義務のある保証金や敷金なども記入します。その他、このページでは、従業員への給与賃金や専従者給与といった項目の内訳も記入します。

③　減価償却費とは、年数の経過による資産価値の目減り分（減価）を費用として計上（償却）する考え方です。減価償却費の計算では、賃貸用の不動産や使用している固定資産について、取得価額や耐用年数、それらをもとに算出した減価償却費や未償却残高などを記入します。

　その他、このページでは、地代家賃や金融機関以外からの借入金利子、税理士等への報酬といった項目の内訳も記入します。

④　貸借対照表は、不動産の賃貸事業に関連する資産と、それに伴う負債や事業主が投入した事業資金などを列挙した明細書です。あくまで事業に関係する項目のみが対象ですので、たとえば現金預金については、個人の現金預金と混在しないように管理しておかなければなりません。資産としては、賃貸用不動産の期末時点での価額などを記載します。負債としては、賃貸用不動産に関連した借入金の残高や賃借人から預かっている敷金などを記載します。

■■ 所得税の確定申告書作成上の注意点

　確定申告書は第1表と第2表で構成されており、第1表では集約された金額のみ記載し、第2表ではそれらの明細を記入します。作成にあたっては、損益計算書に記入した不動産の収入金額や所得金額、専従者給与や青色申告特別控除額を確定申告書へ転記します。事業主が負担している国民年金や国民健康保険料、生命保険料のうち一定の額も確定申告書において控除できます。その際は控除証明書などの添付が必要ですが、e-Taxで確定申告書を提出する場合には添付が省略できます。

　また、不動産所得以外に給与所得がある場合は、源泉徴収票をもとに給与所得の金額や源泉徴収された金額、社会保険料控除額などを確定申告書に転記します。これらの記入後、第1表で所得税の申告納税額を計算します。

7 その他の税金についてこれだけは知っておこう

いろいろな税金がかかってくる

■■ 住民税とは

住民税には個人住民税と法人住民税の2つがあります。

個人の住民税は道府県民税（東京都は都民税）と市町村民税（東京都23区は特別区民税）からなります。一般に住民税と呼んでいるものは、道府県民税と市町村民税を合わせたものです。

個人住民税は、その年の1月1日現在の住所地で、前年の1月から12月までの1年間の所得に対して課税されます。

個人住民税の主なものには「所得割」と「均等割」があります。所得割とは、所得に対して課税されるもので、一律10％（道府県民税4％、市町村民税6％）です。

均等割とは、所得に関係なく均一に課税されるものです。標準税率は、道府県民税が1,500円、市町村民税は3,500円となっています。

■■ 事業税とは

個人にしろ法人にしろ、事業を行っている場合に、地方税である事業税がかかってきます。

個人事業税については、法律で定められた業種にのみ事業税がかかります。ただし、広範な業種が個人事業税の対象として指定されています。不動産貸付業も法定業種に入っており、個人事業税の対象です。税率は5％です。なお、駐車場業も法定業種で、税率は5％です。

個人事業税には、事業主控除額が290万円あります。ただし、青色申告特別控除は適用されません。所得が290万円を超えると個人事業税がかかることになります。

■■ その他納付が必要になる税金がある

　不動産賃貸業の場合は、賃貸用の土地・建物に固定資産税・都市計画税がかかってきます。納付期限は各市町村によって異なりますが、通常は6月、9月、12月、2月の年4回納付です。

　なお、土地や住宅を賃貸することに対する家賃には、消費税はかかりません。しかし、事業用の建物を賃貸する場合は、課税取引として扱われるため、消費税の納付が必要になる場合もあります。

■ 個人住民税のしくみ ・・・

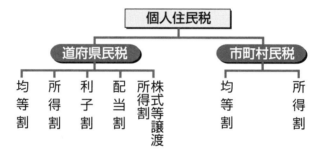

■ 法人住民税のしくみ ・・・

法人住民税	道府県民税	均等割額	資本金・従業員数等に応じて課税
		法人税割額	法人税額を基礎として課税
	市町村民税	均等割額	資本金・従業員数等に応じて課税
		法人税割額	法人税額を基礎として課税

Column

駐車場契約

　駐車場経営は土地の賃貸人にとって魅力的です。総面積が500㎡以上で駐車料金を徴収するタイプの規模の大きな駐車場を経営する場合には、都道府県知事に対して路外駐車場設置届を提出する必要がありますが、青空式駐車場であれば、土地さえあれば始められるので手間もかからず、安定収入が見込める他、土地の状態に応じて経営できる、用途変更がしやすい、などのメリットがあります。

　ただ、駐車場として使用する目的で土地の賃貸借が行われた場合、借地借家法は適用されません。そのため、駐車場賃貸借の賃借人は弱い立場にあります。賃貸人の解約申入れに正当事由は必要なく、契約書に解約に関する条項を設けておくことで、賃貸人は、その契約条項に従って賃借人に解約の申入れができます。一般的には、「少なくとも１～３か月前の予告をもって解約できる」といった契約条項を定めるケースが多いようです。

　駐車場賃貸借の契約には、土地全体を駐車場として賃貸する場合と一区画ごとに賃貸する場合があります。また、駐車車両を制限することもあるようです。契約書を作成する場合には、①車両名、②車両番号、③車両所有者名、などを特定して記載します。契約の際、車検証や運転免許証の他、実印などによって身分の確認をしておきましょう。

　賃借人は、賃料を払うことはもちろんですが、賃貸人の定めた管理規則に従って、善良なる管理者の注意をもって駐車場を使用しなければなりません。「善良なる管理者の注意」とは、職業や社会経済的地位に応じて要求される程度の注意義務のことをいいます。契約書にも明記しておくとよいでしょう。また、契約終了後、賃借人は自動車を移動し、残留品を撤去して賃借した駐車場を原状に復して賃貸人に返還しなければなりません。これを賃借人の原状回復義務といいます。

第5章

不動産を
相続・贈与するときの税金

1 相続税額の計算方法を知っておこう

相続税の計算は３段階で行う

■■ 相続税と基礎控除額

　遺産総額が基礎控除額を超える場合には、相続税を申告して納税しなければなりません。相続税の基礎控除額は、「3,000万円＋法定相続人の数×600万円」です。たとえば、夫・妻・子どもの３人家族で、夫が死亡した場合、妻と子どもの２人が相続人になります。3,000万円＋600万円×相続人２人という計算により、4,200万円が基礎控除額となります。相続税の計算は、①課税価格の計算、②相続税の総額の計算、③各相続人の納付税額の計算、という３つのステップを踏みます。

①　課税価格の計算

　相続税の対象となる各相続財産の評価額に、生命保険金などのみなし財産と、一定の贈与財産を加え、非課税財産と相続債務、葬式費用を差し引きます（134ページ図）。

②　相続税の総額の計算

　①で計算した相続税の課税価格の合計から、基礎控除額を差し引いた額が課税遺産額になります。課税遺産額がゼロまたはマイナスであれば、相続税はかかりません。一方、課税遺産額がプラスであれば、この課税遺産額をもとに各法定相続人の遺産相続金額を計算します。このときに、法定相続人は法定相続分どおりに課税遺産額を取得したものとして計算します。つまり、仮に相続放棄等があったとしても、相続税を計算する際には相続放棄等がなかったものとして、この各遺産相続金額に相続税率を掛けて相続税の総額（仮の相続税額）を計算します。

③ 各相続人の納付税額の計算

②で計算した相続税の総額を、実際に相続人が取得した財産額に応じて按分して、各相続人の納付税額を計算します。このとき、各種税額控除（171ページ）の適用を受ける人はその分を差し引き、また2割加算を受ける人はそれを加算した額が各相続人の納付額となります。2割加算とは、相続、遺贈や相続時精算課税による贈与によって財産を取得した人が、被相続人の一親等の血族（代襲相続人となった孫（直系卑属）を含みます）及び配偶者以外の人である場合には、その人の相続税額にその相続税額の2割に相当する金額が加算されるという制度です。

■ 相続税の基礎控除額 ………………………………………………

夫・妻・子の3人家族で夫が死亡した場合　遺産総額を1億円とする	
3,000万円＋600万円 ×2（妻と子）＝4,200万円	5,800万円

基礎控除額

■ 被相続人数と課税対象被相続人数の推移 ………………………

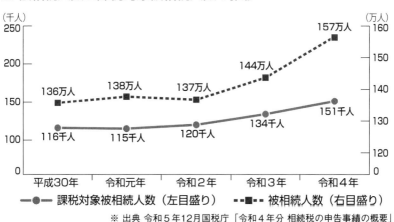

※ 出典 令和5年12月国税庁「令和4年分 相続税の申告事績の概要」

第5章 ◆ 不動産を相続・贈与するときの税金　133

■ 相続税額の計算方法 ···

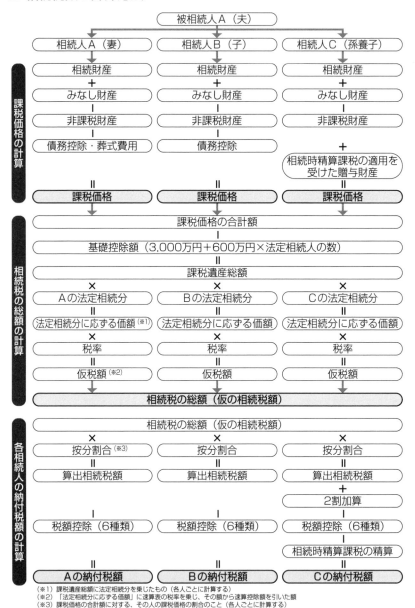

被相続人A（夫）

相続人A（妻）　　相続人B（子）　　相続人C（孫養子）

課税価格の計算

相続人A（妻）	相続人B（子）	相続人C（孫養子）
相続財産	相続財産	相続財産
＋	＋	＋
みなし財産	みなし財産	みなし財産
－	－	－
非課税財産	非課税財産	非課税財産
債務控除・葬式費用	債務控除	＋
		相続時精算課税の適用を受けた贈与財産
＝	＝	＝
課税価格	課税価格	課税価格

相続税の総額の計算

課税価格の合計額
－
基礎控除額（3,000万円＋600万円×法定相続人の数）
＝
課税遺産総額

×	×	×
Aの法定相続分	Bの法定相続分	Cの法定相続分
＝	＝	＝
法定相続分に応ずる価額（※1）	法定相続分に応ずる価額	法定相続分に応ずる価額
×	×	×
税率	税率	税率
＝	＝	＝
仮税額（※2）	仮税額	仮税額

相続税の総額（仮の相続税額）

各相続人の納付税額の計算

相続税の総額（仮の相続税額）

×	×	×
按分割合（※3）	按分割合	按分割合
＝	＝	＝
算出相続税額	算出相続税額	算出相続税額
		＋
		2割加算
		－
税額控除（6種類）	税額控除（6種類）	税額控除（6種類）
		－
		相続時精算課税の精算
＝	＝	＝
Aの納付税額	Bの納付税額	Cの納付税額

（※1）課税遺産総額に法定相続分を乗じたもの（各人ごとに計算する）
（※2）「法定相続分に応ずる価額」に速算表の税率を乗じ、その額から速算控除額を引いた額
（※3）課税価格の合計額に対する、その人の課税価格の割合のこと（各人ごとに計算する）

■ 相続税額の計算例1（相続税の総額の計算）‥‥‥‥‥‥‥‥‥‥

＜設定＞

被相続人（夫：70歳）

┣━━ 長男（実子：45歳、5,000万円）

┃

┗━━ 次男（孫養子：22歳、7年以内の生前贈与3,000万円）

妻（8,000万円）

※1）カッコ内の金額が、各人の相続税の課税価格である
※2）次男は長男の子であるが、被相続人の養子（孫養子）となっている
※3）次男は被相続人の生前において、「相続時精算課税制度」を利用して贈与を受けている
※4）次男は※3）の贈与を受けた年において、贈与税78万円（（3,000万円−110万円−2,500万円）×20%）を納付している

〔相続税の総額の計算〕

① **課税価格の合計額**

8,000万円（妻）＋5,000万円（長男）＋3,000万円（次男）＝1億6,000万円

② **基礎控除額**

3,000万円＋600万円×3（妻、長男、次男の3人）＝4,800万円

③ **課税遺産額**

1億6,000万円−4,800万円＝1億1,200万円

④ **法定相続分に応ずる取得金額**（※1）

妻‥‥‥‥1億1,200万円× $\frac{1}{2}$ ＝5,600万円

長男‥‥‥1億1,200万円× $\frac{1}{2}$ × $\frac{1}{2}$ ＝2,800万円

次男‥‥‥1億1,200万円× $\frac{1}{2}$ × $\frac{1}{2}$ ＝2,800万円

⑤ **相続税の総額のもととなる仮税額**

　　　　　　　　　　　　　　　　税率　　　速算控除額

妻‥‥‥‥5,600万円×30%−700万円＝980万円

長男‥‥‥2,800万円×15%−　50万円＝370万円

次男‥‥‥2,800万円×15%−　50万円＝370万円

⑥ **相続税の総額**（※2）

980万円＋370万円＋370万円＝1,720万円

（※1）それぞれの取得金額に千円未満の端数が生じた場合は、切り捨て処理とする
（※2）相続税の総額に100円未満の端数が生じた場合は、切り捨て処理とする

■ 相続税額の計算例2（納付税額の計算）······························

〔納付税額の計算〕

① 按分割合（小数点第3位を四捨五入し、割合の計が1になるようにする）

妻　　$\dfrac{8{,}000万円}{1億6{,}000万円}$＝0.50　··········0.50

長男　$\dfrac{5{,}000万円}{1億6{,}000万円}$＝0.3125··········0.31

次男　$\dfrac{3{,}000万円}{1億6{,}000万円}$＝0.1875··········0.19

計　1.00

② 算出税額

妻　　1,720万円×0.50＝860万円

長男　1,720万円×0.31＝533万2,000円

次男　1,720万円×0.19＝326万8,000円

③ 2割加算（妻と長男は該当しない）

次男　326万8,000円×1.2＝392万1,600円

④ 税額控除の検討

妻········配偶者の税額控除に該当（1億6,000万円までは免除される）

長男······該当なし

次男······相続時精算課税

392万1,600円−78万円＝314万1,600円

⑤ 納付税額

妻········0円

長男······533万2,000円

次男······314万1,600円

2 課税価格の計算方法について知っておこう

非課税となる財産もある

■■ 相続税の課税対象財産とは

　相続税の対象となる財産には、①相続、遺贈、死因贈与のいずれかによって取得した「本来の相続財産」と、②相続財産ではないが相続税法の規定により「みなし財産」とされるもの、の2種類があります。まず、各相続人が相続した財産の評価額を計算し、課税の対象となる財産の合計額となる「課税価格」を求めます。

　ところで、国外にある財産を相続した場合についてですが、相続人の住所が海外であっても、一定の要件を満たせば相続税の対象となります。具体的には、次のいずれかの場合です。

① 　相続人が日本国籍を有し、かつ相続開始前10年以内に国内に住所がある場合

② 　相続人が上記以外の場合には、被相続人が次のⓐⓑいずれかに該当する場合

ⓐ 　被相続人が国内に住所を有している。ただし、相続開始前15 年以内において国内に住所を有していた期間の合計が10 年以下の者（一時居住被相続人）を除く。

ⓑ 　被相続人（外国人を除く）が国内に住所を有していないが、相続開始前10年以内に国内に住所を有している。

　なお、国内に短期的に居住する在留資格を有する者及び国外に居住する外国人等が、相続開始時において国内に居住する在留資格を有する者から、相続または遺贈により取得する国外財産については相続税が課されません。

■■ 非課税財産とは

　相続税の計算において、公共性や社会政策的見地などにより非課税財産となるものとして、主に次のようなものがあります。なお、生命保険金及び死亡退職金の非課税枠も非課税財産に含まれます。

・墓地、霊びょう、仏壇、仏具など
・一定の要件に該当する公益事業者が取得した公益事業用財産
・心身障害者扶養共済制度に基づく給付金の受給権
・相続財産を国や特定の公益法人などに寄附した場合の寄附財産

■■ 財産を取得した人と債務の引き継ぎ

　財産を取得した人が債務を引き継いだ場合は、相続したプラスの財産（預金や有価証券、不動産など）から債務を引いた残りが相続税の課税対象となります。相続の際には、プラスの財産も債務もいっしょに相続しなければならないのが原則で、相続税はあくまで債務を引いた正味の相続財産に対して課税されるのです。

　相続財産から引くことができる債務は、相続開始時点で確定していなければなりません。ただ、被相続人が納付すべきだった税金をその死亡によって相続人が納付することになった場合、被相続人が死亡した際に確定していなかったとしても、被相続人の債務としてプラスの相続財産から差し引くことができます。墓地購入の未払金、保証債務、団体信用保険付のローン、遺言執行費用、相続に関係する弁護士や税理士の費用などは債務として差し引くことはできません。

■■ 相続財産を寄附した場合の取扱い

　相続した財産を自己の保有財産とせずに、特定の団体などに寄附することもあります。このように、自己の手元に財産が残らないようなケースでも原則どおりの方法で相続税額を算定するのでしょうか。

　相続により財産を取得した場合、原則として取得後の用途を問わず

相続税が課せられます。ただし、相続した財産を国や地方公共団体または特定の公益を目的とする事業を行う特定の法人など（以下「特定の公益法人等」）に寄附した場合、以下のすべての要件を満たすと寄附をした財産は、特例として相続税の対象外になります。

① 寄附した財産が相続や遺贈によってもらった財産であること

② 相続財産を相続税の申告書の提出期限までに寄附すること

③ 寄附した先が国や地方公共団体または教育や科学の振興などに貢献することが著しいと認められる公益目的の法人であること

　なお、特定の公益法人等への寄附について、特例が適用できない場合もあるので少し注意が必要です。たとえば、寄附をしたお金が2年を経過しても公益を目的とする事業に使われていない場合や、特定の公益法人等に寄附をすることで、寄附をした人やその親族などが特別の利益を受けて相続税または贈与税の負担が結果的に不当に減少した場合などがこれに該当します。一方、寄附をした相手先が一般の企業のようなケースでは、上記③を満たしていないことになるため、寄附した財産は相続税の対象になります。

■ 相続税の課税価格の計算方法 ……………………………………

課税価格 ＝ 本来の相続財産 ＋ みなし相続財産 ＋

相続開始前7年以内（※）の通常の贈与財産 ＋

相続時精算課税の適用を受けた贈与財産 －

非課税財産 － 債　務 － 葬式費用

※令和5年12月までは3年以内

Q 相続税よりも贈与税のほうが課税率が高いというのは本当でしょうか。相続税と贈与税の関係や税率について教えてください。

A 相続税は、所得税を補完するために設けられています。死亡した人の残した財産は、その死亡した人の個人の所得からなっている部分については、生前、所得税が課税されています。しかし、その財産の中には所得税が課税されていないものも含まれています。そこで、死亡した時点におけるその人の財産について、所得税を補完する形で相続税が課税されるのです。

相続税は、死亡した人の財産（相続財産）を相続・遺贈によって受け継いだ人に対して課される税金です。所得税や法人税と同じ国税です。相続税は申告納税方式をとっていますので、遺産を相続した相続人が自分で相続財産の価格と、これにかかる税額を計算し、納税することになっています。相続税は、このように亡くなった人から財産を相続した人に課される税金です。現在の税制において相続税がかかる人は、亡くなった人100人のうち、9人程度となっています。

●贈与税はなぜ課税されるのか

贈与税は相続税の補完税といわれています。「相続税が課税されるくらいなら相続する前に相続人予定者に財産を分けておこう」とは、誰もが考えることです。しかし、これでは、贈与した人としなかった人の間に不公平が生じます。そこで、贈与が発生したときに課税する税である贈与税を設けて、相続税を補完する税としたわけです。このため、同じ課税価格に対する贈与税の税率は、相続税の税率より高くなっています。

●課税率は贈与税のほうが高い

相続税も贈与税も、課税される財産の価額が大きくなるほど高い税率が適用されます。これを超過累進課税といいます。税率は最低10％

から最高55％までとなっており、両方とも同じです。しかし、課税対象となる財産の価額が同じでも、途中の税率のきざみは贈与税のほうが細かく、少ない財産価額でも高い税率が設定されています。また、相続税と贈与税では、課税のしくみが異なります。同じ額の財産に対する税額を比較してもあまり意味がなく、贈与税の税率が高いからといって相続税が有利だともいいきれません。

　また、相続税、贈与税共に税額控除が設けられています。特例とは、一定の要件を満たせば、特別に税金から控除が受けられる制度ですが、適用を受けられる要件も相続税と贈与税では違います。こういった面からも相続税と贈与税のどちらが優位かということは簡単にいいきることはできません。

　資産が何十億円もあるという資産家の場合、相続税では高い税率が適用されます。しかし、毎年300 〜 400万円の範囲で複数の相続人に毎年贈与すると、贈与税の税率は10 〜 15％ですから、この場合は、贈与のほうが税額が少なくなる可能性が高いといえます。

　なお、現在の相続税・贈与税の税率は、次ページの図のとおりです。

■ 贈与税のしくみと相続税との関係 ……………………………………

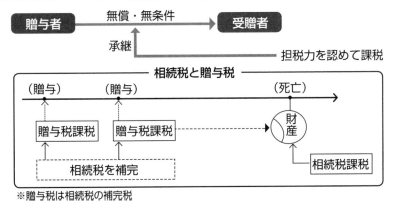

※贈与税は相続税の補完税

■ 相続税の税額表（速算表）··

基礎控除後の課税価格		税　率	控除額
1,000万円以下		10%	な　し
1,000万円超	3,000万円以下	15%	50万円
3,000万円超	5,000万円以下	20%	200万円
5,000万円超	1億円以下	30%	700万円
1億円超	2億円以下	40%	1,700万円
2億円超	3億円以下	45%	2,700万円
3億円超	6億円以下	50%	4,200万円
6億円超		55%	7,200万円

■ 贈与税の税額表（速算表）··

●18歳以上で直系尊属からの贈与

基礎控除後の課税価格		税　率	控除額
200万円以下		10%	な　し
200万円超	400万円以下	15%	10万円
400万円超	600万円以下	20%	30万円
600万円超	1,000万円以下	30%	90万円
1,000万円超	1,500万円以下	40%	190万円
1,500万円超	3,000万円以下	45%	265万円
3,000万円超	4,500万円以下	50%	415万円
4,500万円超		55%	640万円

●上表以外の場合の贈与

基礎控除後の課税価格		税　率	控除額
200万円以下		10%	な　し
200万円超	300万円以下	15%	10万円
300万円超	400万円以下	20%	25万円
400万円超	600万円以下	30%	65万円
600万円超	1,000万円以下	40%	125万円
1,000万円超	1,500万円以下	45%	175万円
1,500万円超	3,000万円以下	50%	250万円
3,000万円超		55%	400万円

3 なぜ相続財産を評価するのか

遺産分割協議の前に相続財産の中身を調べる

■■ 遺産とは何か

遺産とは、被相続人が死亡時に残した財産です。中身もさまざまです。遺産は大きく、ⓐ現金・預金、手形、小切手、不動産、動産、債権、株などのプラスの財産と、ⓑ借金、保証債務、買掛金、預かり品の返還義務などの債務であるマイナスの財産に分類できます。

債務は、この他に相続人から被相続人への生前の貸付や立替金、仮払いなどがあります。たとえば、相続人が立替払いをしていた被相続人の入院費、治療費などがこれに含まれます。ただし、死後に発生する葬儀代、法事の費用などは被相続人の債務ではありません。立替分を相続した遺産から充当するかどうかは、ケースによって違います。

相続税が課される財産には、以下に掲げる財産があります。

① 本来の相続財産

民法の規定によって被相続人から相続または遺贈により取得される財産のことをいいます。ここでいう「財産」は、広い意味に解され、金銭に見積もることができる経済的価値のあるものをすべて含みます。

② みなし相続財産

ある財産を取得したり経済的利益を受けたことが、実質的に見て相続または遺贈によるものと同じような経済的効果があると認められる場合には、相続または遺贈により取得したものとみなして相続税の課税財産となります。たとえば、生命保険金、退職手当金、生命保険契約に関する権利などがあります（145ページ図参照）。

③ 相続開始前7年以内に取得した贈与財産

相続または遺贈により財産を取得した者が、被相続人から相続開始

前7年以内（令和5年12月以前の場合は3年以内）に財産の贈与を受けていた場合には、贈与された財産の価額は相続税の課税価格に加算されます。相続または遺贈により財産を取得していない者に対して行われた相続開始前7年以内（令和5年12月以前の場合は3年以内）の贈与については課税対象とはなりません。

④ **相続時精算課税により贈与を受けた財産**

相続時精算課税制度（187ページ）の届出をして取得した贈与財産の価額は、相続税の課税価格に加算されます。

なお、被相続人の財産であっても、相続できないものがあります。一身専属権と使用貸借権の2つです。一身専属権とは、被相続人だけにしか行使できない権利や義務（親権、扶養料請求権、身元保証人の義務など）のことです。一身専属権の権利や義務は、被相続人の死亡と同時に消滅します。使用貸借権とは、物を無償で貸借する権利のことです。これは、貸主と借主の特別な契約関係で成立しているため、契約当事者の一方の人が死亡すると効力を失います。ただし、不動産の使用貸借については、例外的に相続を認める場合もあります。

■■ なぜ相続財産の評価をするのか

遺産の中身や価値を正確に把握して、それぞれの財産の価額を評価しておかないと、具体的な遺産分割協議ができません。また、遺産の評価をしないと、相続税の納税額もわかりません。ですから、相続が発生した場合には、遺産を把握して、評価額を算定することになります。仮に、遺産分割がすんでから新たに遺産が出てきた場合には、遺産分割協議をやり直すことになります。なお、遺産分割協議自体を最初からやり直すか、新たに発見された遺産についてのみ遺産分割協議をやり直すかは、ケースによって異なります。

■■ 遺産は時価で評価する

　相続財産がすべて現金や預貯金であれば評価は簡単なのですが、そのようなケースはまれです。実際の相続財産としては、土地や建物、美術品など容易に評価できないものがほとんどです。また、相続の税務と遺産分割実務では財産評価が異なることもあるため、注意が必要です。相続税法では、相続人の財産は相続開始日の「時価」で評価すると定められています。生前贈与における評価日は贈与を受けた日とされています。しかし、時価という言葉は、意味としては「そのときの価値」といったところで、かなりあいまいな表現です。

　実務上は、「財産評価基本通達」に示された時価の基準に基づいて財産を評価し、相続税を計算します。これは、いろいろな財産の時価の計算方法に関する相続税法の解釈指針です。

■ 相続税の課税対象となる財産 ・・・・・・・・・・・・・・・・・・・・・・・・・・・・・・・・・・・・

相続税の
かかる財産

本来の相続財産

土地、土地上の権利、家屋、事業用財産、現金、預貯金、
有価証券、美術品、家具など

みなし相続財産

死亡退職金、退職年金の継続受給権、生命保険金、
生命保険契約に関する権利、定期金(年金)の受給権、
定期金(年金)契約に関する権利

4 不動産はどのように評価するのか

確実に自分のものにするには登記をする

■■ 各種の不動産の評価方法を知っておく

不動産の評価方法は、通常の土地や家屋の他、農地、山林、賃貸不動産等によって分かれており、次のとおりに行います。

① 土地の評価

国税庁が発表する路線価に基づく路線価方式と、地方自治体が定める固定資産税評価額に基づく倍率方式などを参考にします。

② 農地、山林の評価

路線価方式と倍率方式の評価方法を参考にします。

③ 借地・貸地の評価

地域によりますが、土地の評価額から借地権分（6～7割）を差し引いた価格が貸地の評価額となるのが一般的です。

④ 家屋の評価

固定資産税評価額を参考にします。

■ 時価の種類

種　類	内　容
① 取引価格（実勢売買価格）	現実の売買価格に基づく実勢の価格。
② 公示価格（標準価格）	毎年1月1日に改定され、3月末に公表される。取引価格の約90％。
③ 相続税評価額（路線価）	地価公示価格と同時に改定され、8月頃に公表される。公示価格の約80％。
④ 固定資産税評価額	固定資産税を課税するための時価で3年ごとに見直される。公示価格の約70％。

⑤　借家・貸家

　築年数などが評価に影響し、家屋の評価額から一定割合を差し引きます。

■■ 土地の時価には４種類がある

　土地の時価には、前ページ図の４種類があります。時価の種類のうち、土地にかかる相続税を計算する場合に用いる時価は、相続税評価額（路線価）です。相続税評価額は、実勢の取引価格よりも低く（約

■ 路線価図 ‥‥‥‥‥‥‥‥‥‥‥‥‥‥‥‥‥‥‥‥‥‥‥‥‥‥‥‥‥‥‥‥‥‥

70％相当）設定されています。

　土地の相続税評価額の算定方式には二種類あり、路線価方式か倍率方式のいずれかの方式で評価して計算することになります。

　２つのうちどちらで評価するかは、勝手に選べるわけではなく、所在地によって自動的に決定されます。評価すべき土地がどちらの方式で評価するか不明な場合は、税務署に確認します。

① 路線価方式

　路線価が定められている地域（主に市街地）では、路線価方式により評価額を算出します。路線価とは、道路に面する標準的な宅地の１㎡あたりの価額のことです。実務上は、路線価は「路線価図」を見て計算することになります。路線価図は、毎年１回改定されます。この路線価に、土地の立地や形状に応じた修正（補正率あるいは加算率）を加えた後に、その土地の面積を掛けて評価額を計算します。

　なお、同じ面積の土地であっても、その地形によって利用価値にかなり差が生じます。そのような場合には、その評価額を補正する必要がでてきます。補正する場合に用いる補正率は地区区分によって異なります。地区区分には、路線価図に表示されている「ビル街地区」「高度商業地区」「繁華街地区」「普通商業・併用住宅地区」「普通住宅地区」「中小工場地区」「大工場地区」の７つがあります。

② 倍率方式

　一方、路線価が定められていない地域（市街地以外）では、倍率方式により評価額を算出します。この方式は、固定資産税評価額にその地域ごとに定められている一定の倍率を掛けて評価額を計算します。

　土地の相続税評価額の算定方式は２種類あると記載しましたが、特殊な場合の例外もあります。２つの方式は、あくまでも国税局が定めた標準的な算定方法であって、特殊な事例で適正な土地評価ができない場合は、３つ目の算定方法として、「不動産鑑定評価額」を基準にして土地の相続税評価額を決める方法も考えられます。

■ 奥行価格補正率表 ·······················

地区区分／奥行距離（メートル）	ビル街地区	高度商業地区	繁華街地区	普通商業・併用住宅地区	普通住宅地区	中小工場地区	大工場地区
4未満	0.80	0.90	0.90	0.90	0.90	0.85	0.85
4以上 6未満		0.92	0.92	0.92	0.92	0.90	0.90
6 〃 8 〃	0.84	0.94	0.95	0.95	0.95	0.93	0.93
8 〃 10 〃	0.88	0.96	0.97	0.97	0.97	0.95	0.95
10 〃 12 〃	0.90	0.98	0.99	0.99	1.00	0.96	0.96
12 〃 14 〃	0.91	0.99	1.00	1.00		0.97	0.97
14 〃 16 〃	0.92	1.00				0.98	0.98
16 〃 20 〃	0.93					0.99	0.99
20 〃 24 〃	0.94					1.00	1.00
24 〃 28 〃	0.95				0.97		
28 〃 32 〃	0.96		0.98		0.95		
32 〃 36 〃	0.97		0.96	0.97	0.93		
36 〃 40 〃	0.98		0.94	0.95	0.92		
40 〃 44 〃	0.99		0.92	0.93	0.91		
44 〃 48 〃	1.00		0.90	0.91	0.90		
48 〃 52 〃		0.99	0.88	0.89	0.89		
52 〃 56 〃		0.98	0.87	0.88	0.88		
56 〃 60 〃		0.97	0.86	0.87	0.87		
60 〃 64 〃		0.96	0.85	0.86	0.86	0.99	
64 〃 68 〃		0.95	0.84	0.85	0.85	0.98	
68 〃 72 〃		0.94	0.83	0.84	0.84	0.97	
72 〃 76 〃		0.93	0.82	0.83	0.83	0.96	
76 〃 80 〃		0.92	0.81	0.82			
80 〃 84 〃		0.90	0.80	0.81	0.82	0.93	
84 〃 88 〃		0.88		0.80			
88 〃 92 〃		0.86			0.81	0.90	
92 〃 96 〃	0.99	0.84					
96 〃 100 〃	0.97	0.82					
100 〃	0.95	0.80			0.80		

■ 奥行補正の計算例（普通住宅地区）·······················

路線価　10万円

30m｜600㎡｜20m

（路線価）　（補正率）　（1㎡ 当たりの価額）
10万円 × 0.95 ＝ 9万5,000円

（㎡）　（評価額）
9万5,000円 × 600 ＝ 5,700万円

不動産鑑定評価額とは、国家資格を持つ不動産鑑定士が国土交通省などによって定められた「不動産鑑定評価基準」に基づいて不動産価格を算定するものです。不動産鑑定士による評価であれば、国税局の示した2つの方式では加味されない特殊な事情も算定の対象に加えることができます。場合によっては、評価額を思ったよりも低く算定できる可能性もあります。

■■ 地形による補正とは

　土地の形状によっては、評価額を求める際に次のような補正を加える必要があります。たとえば、同じ面積の隣り合った土地であっても、一方は、きちんとした長方形をしており、もう一方がゆがんでいるような形をした土地の場合、長方形の土地のほうが評価は高くなります。相続税の評価もこのように土地の使い勝手から見た評価による修正を加えた上で、最終的な評価額を算定します。

① **奥行価格補正**

　同じ面積の土地だとしても、形状の違いによって、その土地の奥行の距離は異なります。この場合に、土地の奥行の距離に応じて路線価を補正するのが奥行価格補正です。

② **側方路線影響加算（角地加算）**

　交差点などの角地は、一般的に利用価値が高いとされています。それを評価額に反映させるために一定の金額を加算します。

③ **二方路線影響加算（裏面加算）**

　表と裏に道路が面している土地は、「二方路線影響加算率表」を用います。評価額の計算については、正面路線価（路線価の高い方のこと）をもとに計算し、加算します。

④ **その他**

　間口（不動産などが道路に接している部分の長さ）が狭い宅地や、間口距離との関係から見て奥行の長い宅地は、適当な間口と奥行のあ

る宅地に比べて価格が下がると考えられています。そこで、その評価に関しては、「間口狭小補正率」や「奥行長大補正率」を適用して路線価格を減額修正することができます。また、形状にもよりますが、不整形地や無道路地は、減額して評価することができます。

■ 側方路線影響加算率表と計算例（普通住宅地区）‥‥‥‥‥‥‥‥‥

側方路線影響加算率表

地 区 区 分	加 算 率	
	角地の場合	準角地の場合
ビ ル 街 地 区	0.07	0.03
高 度 商 業 地 区 繁 華 街 地 区	0.10	0.05
普通商業・併用住宅地区	0.08	0.04
普 通 住 宅 地 区 中 小 工 場 地 区	0.03	0.02
大 工 場 地 区	0.02	0.01

（奥行補正40m）
20万円 × 0.91 ＝ 18万2,000円‥‥‥ア
（奥行補正30m）（側方加算率）
15万円 × 0.95 × 0.03
　　　　　 ＝ 4,275円‥‥‥イ
1㎡ 当たり 　　　　　（評価額）
（ア＋イ）×1,200㎡ ＝ 2億2,353万円

■ 二方路線影響加算率表と計算例（普通住宅地区）‥‥‥‥‥‥‥‥‥

二方路線影響加算率表

地 区 区 分	加 算 率
ビ ル 街 地 区	0.03
高 度 商 業 地 区 繁 華 街 地 区	0.07
普通商業・併用住宅地区	0.05
普 通 住 宅 地 区 中 小 工 場 地 区 大 工 場 地 区	0.02

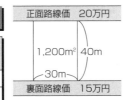

（奥行補正40m）
20万円 × 0.91 ＝ 18万2,000円‥‥‥①
（奥行補正40m）（二方路加算率）
15万円 ×0.91 × 0.02 ＝2,730円…②
1m 当たり 　　　　　（評価額）
（①＋②）×1,200㎡＝ 2億2,167万6,000円

5 農地や山林の評価方法について知っておこう

区分によって評価方法が決められている

■■農地の区分と評価とは

農地は、所在する地域などにより、①純農地、②中間農地、③市街地周辺農地、④市街地農地の４つの区分に分類されています。この区分は、国税庁のホームページ（http://www.rosenka.nta.go.jp/）の評価倍率表に記載されていますので、確認してみてください。

農地の評価方法には、倍率方式と宅地比準方式の２つがあります。

・倍率方式

固定資産税評価額に一定の倍率を掛けたものです。

・宅地比準方式

その農地が宅地であるとした場合の価額を、路線価方式により評価する地域にあってはその路線価により、また倍率地域にあっては、評価しようとする農地に最も近接し、かつ、道路からの位置や形状等が最も類似する宅地の評価額（宅地としての固定資産税評価額×宅地としての評価倍率）に基づいて計算し、その価額から、宅地に転用するとした場合にかかる造成費用を差し引いて評価額とするものです。

前述した農地区分の①と②は倍率方式、③は市街地農地の80％の額、④は宅地比準方式または倍率方式で評価します。また、宅地造成費用については、国税局ごとに一定の金額が定められています。

■■山林では立木も評価の対象となる

山林の評価方法は、農地の評価方法と似ていて、その所在地などに応じて、①純山林、②中間山林、③市街地山林の３つに区分して評価します。①と②は倍率方式、③は宅地比準方式または倍率方式のいず

れかで評価します。山林は実測の面積が登記簿上の面積と異なること（縄のび）があった場合、登記簿上の面積ではなく、実測による地積（土地の面積）を用いて評価します。

　また、原野や牧場などの評価は、山林の評価に準じて計算します。この場合は、森林内の立木や果樹も評価の対象となります。その評価は国税局が定める標準価額に、土地の肥え具合を数値化した「地味級」、森林の植栽密度を示す「立木度」などを掛けて評価することになっています。ただ、収益を目的としない果樹などは評価の対象にはなりません。

　保安林は固定資産税が非課税ですので、固定資産税評価額を基準にした評価はできません。そのため、森林法で保安林に指定されている山林は、近隣の山林における固定資産税評価額を基準にして評価します。また、保安林は、立木の伐採が制限されている度合いに応じて、30〜80％の範囲で減額して評価することができます。

　なお、緑地保全地区内山林についても、80％の減額評価とすることができます。詳細は税務署や森林組合に問い合わせてみましょう。

■ 農地・山林の評価方法 ・・

農　地	
①純農地	固定資産税評価額 × 倍率
②中間農地	固定資産税評価額 × 倍率
③市街地周辺農地	市街地の農地であるとした場合の価格 × 0.8
④市街地農地	宅地とした場合の評価額 － 宅地造成費 または 固定資産税評価額 × 倍率

山　林	
①純山林	固定資産税評価額 × 評価倍率
②中間山林	固定資産税評価額 × 評価倍率
③市街地山林	宅地とした場合の評価額 － 宅地造成費 または 固定資産税評価額 × 倍率

アパートなどの敷地は評価減となる

■■ 借地は評価額が低くなる

借地人が死亡した場合は、この借地権も相続の対象になります。借地権の評価額は、通常の土地の評価額（自用地評価額）に、国税局が定める借地権割合を掛けて算出します。

また、地上権も相続の対象となります。地上権の評価額は、自用地評価額に、地上権の残存期間に応じて定められている割合を掛けて算出します。この借地権割合ですが、地域により借地事情が異なるということで、地域ごとに定められています。路線価図や評価倍率表に表示されています。

■■ 貸宅地の評価方法

貸宅地（底地）とは、借地権や地上権の対象となっている土地を地主側の立場から見た場合の呼び方です。貸宅地は、借地権や地上権があるため、土地の所有者であっても自由に処分することはできません。そこで、貸宅地の評価額は、通常の宅地の評価額（自用地価額）から借地人の持っている借地権や地上権の価額を差し引いて算出します。

■■ 定期借地権が設定されている場合

定期借地権とは、対象となる契約期間や建物の使用目的によって、借地期間が一定期間で解消されることを法的に保証する権利です。定期借地権をもつ地主にとってのメリットは、契約期間が限定されるので、安心して土地を貸すことができることや、一時金として受け取る保証金を長期的に運用ができることなどです。一方、借地人としての

メリットは、安い保証金で土地を借りられることなどです。

　しかし、定期借地権は当初、あまり普及しませんでした。貸借期間が長期にわたるにもかかわらず、相続発生時の底地価額が80％以上という高い評価であり、地主に不評だったためです。このため、平成10年以降の相続については、一戸建住宅に利用されている「一般定期借地権」について、地域ごとに底地割合を見直し、底地の評価減が図られました。なお、定期借地権が設定されている貸宅地（底地）の評価額は、その宅地の自用地としての評価額から、定期借地権などの残存期間に応じた割合を掛けて計算した額を差し引いて評価します。残存期間に応じた割合は以下のとおりです。

・残存期間が５年以下のもの…５％
・残存期間が５年超10年以下のもの…10％
・残存期間が10年超15年以下のもの…15％
・残存期間が15年超のもの…20％

■ 借地権の評価額の計算方法 ……………………………………………

> **計算式**
>
> 借地権の評価額　＝　その宅地の通常の評価額　×　借地権割合 (※)

※路線価図の地域区分により決まる。
　A地域が90％、B地域が80％、C地域が70％、D地域が60％、E地域が50％、
　F地域が40％、G地域が30％

■ 貸宅地の評価額の計算方法と計算例 ……………………………………

> **計算式**
>
> 貸宅地の評価額　＝　その宅地の通常の評価額　－　その宅地の通常の評価額　×　借地権割合

〈例〉●通常の評価額　２億円　　●借地権割合　60％
　　　２億円 － ２億円 × 60％ ＝ 8,000万円 ← 貸宅地の評価額

■■ 貸家建付地の評価額の軽減とは

　貸家建付地とは、アパートなどの敷地のように自分で所有する土地に自分で建物を建て、その建物を他人に賃貸している土地のことをいいます。貸家建付地は、土地も家屋も地主の所有財産ですが、この場合、相続が発生したからといって、すぐに借家人に出ていってもらうことはできません。ですから、通常の評価額よりも低い価額で評価します。なお、普通の家屋の評価額に対する貸家の評価額の割合を借家権割合といいます。借家権割合は、現在、すべての地域について30％となっています。

■■ 使用貸借の土地の評価

　個人間で行う無償による土地の賃借を使用貸借といいます。たとえば、父親の持っている土地を子どもが借りて家を建てるといった場合がこれにあてはまります。この場合、一般の賃貸借と違い、父親の土地の利用権が制限されているとはみなしません。したがって、使用貸借の土地は自用地（他人の権利の目的となっていない更地のこと）と同じ評価を行います。

■ 貸家建付地の評価額の計算方法と計算例 …………………………

計算式

| 貸家建付地
の評価額 | ＝ | その宅地の
通常の評価額 | － | その宅地の
通常の評価額 | × | 借地権
割合 | × | 借家権
割合 | × | 賃貸
割合
（※） |

〈例〉● 通常の評価額　1億円　　　● 借地権割合　70％
　　　● 借家権割合　　30％　　　● 賃貸割合　　80％

　1億円 － 1億円 × 70％ × 30％ × 80％ ＝ 8,320万円

　　　　　　　　　　　　　　　　　↑ 貸家建付地の評価額

※家屋の全床面積に対する、課税の時に賃貸している部分の床面積の割合のこと
（一時的空室は含まず）

7 家屋や貸家はどのように評価するのか

マイホームの評価額は固定資産税評価額と同じ額である

■■ 家屋の評価額と倍率方式

　家屋の価額は、固定資産税評価額に一定の倍率を掛ける「倍率方式」で算出することになっています。固定資産税評価額とは、それぞれの市区町村で固定資産税を算出するもととなった価額のことです。この価額は、家屋については1棟ごとに定められています。

　なお、現在は、固定資産税に掛ける一定の倍率が全国一律で1倍であるため、相続税の評価額は固定資産税評価額と同じ額になります。他人から借りた土地の上に建物が建てられている場合は、借地権として評価され、相続税の対象となります。その土地の更地価格に借地権割合を乗じた金額が借地権の評価額となります。借地権割合は、地域ごとに異なり、路線価図や評価倍率表に表示されています。

　また、マンションの場合は、土地と建物部分の2つに分けて評価額を算定します。土地に関しては、敷地全体の評価額に持分割合を掛けたものを評価額とします。建物部分に関しては、所有している部屋の固定資産税評価額がそのまま評価額となります。こうして算出した土地と建物の評価額の合計がマンションの評価額になるわけです。

■■ 建築中の家屋の評価

　被相続人が死亡したときに建築中である家屋も相続財産になります。しかし、家屋は完成してから固定資産税の評価額が定められますから、建築中のものにはまだ評価がありません。その場合に評価の基準となるのは費用現価（建築材料や工賃など）です。

　この費用現価の70％相当額が建築中の家屋の評価額となります。費

用現価とは、相続開始時までにかかった建築費用を相続が発生したときの時価に引き直した額です。実際に算定する場合は、建築会社に費用の明細などを作成してもらい、それを参考にして計算します。

■■ 貸家は借家権価額が控除される

貸家の居住者（賃借人）には借家権がありますので、貸家は自分が居住する家屋とは評価方法が異なります。

① 借家権の評価

借家権の評価額は、自分が住むための家屋の評価額に国税局で定める一定の借家権割合（30％）を掛けて計算します。

② 貸家の評価

貸家を評価する場合は、自分が住むための家屋の評価額から、①の借家権の評価額を差し引きます。

③ 住宅を兼ねている場合の貸家の評価

貸家がアパートなどであり、一部を住宅として自分で使用していた場合には、その住宅として使用していた部分を除いて、貸家の評価をしなければなりません。この場合、自分が住むための家屋の評価額に借家権割合と賃貸割合を乗じた価格を、自分が住むための家屋の評価額から控除した額が評価額となります。

賃貸割合とは、簡単にいうと、貸家全体の床面積のうち、賃貸をしている部分の床面積のことです。アパートのすべての部屋を賃貸している場合は、賃貸割合は１（100％）になります。

■ 貸家の評価額の計算方法 ……………………………………………

$$\text{貸家の評価額} = \text{固定資産税評価額} \times \left(1 - \text{借家権割合} \times \text{賃貸割合} \right)$$

私道や私道に接する宅地、マンションの敷地の評価は何を基準に算定するのでしょうか。評価方法について教えてください。

 公道に面している土地の場合、路線価を用いて評価額を計算することができます。しかし、たとえば元の広い土地を区分けした場合など、公道に面していない土地も中には存在します。

　土地の周りに私道しかない場合、路線価で評価することはできません。通常、私道には路線価がつけられていないからです。このような場合は、どうすればよいのでしょうか。

　私道にしか接していない土地の場合、その土地の所在地を所轄する税務署で、その私道に「特定路線価」を設定してもらい、それを基準にして土地の評価額を計算します。

　この特定路線価が必要な場合は、設定対象地を所轄する税務署にその旨を記載した「特定路線価設定申出書」を提出することになります。

●私道の評価方法

　所有権がある私道については、私道そのものも、財産として評価することになります。

　私道の評価は、その私道を利用するのが特定の者に限られているか、または不特定多数の者が利用することができるのかにより、異なります。私道の評価方法は次のようになっています。

① 　特定の者だけが利用する私道は通常の評価額の30％相当額

② 　不特定多数の者が利用する私道は０％（評価しない）

　①であれば、その私道部分の土地に関しては70％の評価減とするということです。②であれば、ゼロ評価、つまりその私道部分の土地の相続税が非課税になるということです。

●マンションの敷地の評価方法

　通常は、マンションの敷地は所有者の共有名義になっています。そ

ういった場合はその敷地全体を1つの土地（一区画）として評価し、その価額にそれぞれの所有者の持分割合を掛けて評価することになります。

　また、そのマンションの敷地内に道路や公園など、公衆化している土地が含まれており、まとめて評価することが適当でないと認められる場合もあります。その場合、道路や公園などの公衆化している部分については、敷地全体の面積から除いて評価することができます。なお、マンションの敷地にも小規模宅地等の特例（次ページ）が適用できます。

■ **私道の評価方法** ･･････････････････････････････････

● **特定の者だけが利用する私道**　私道の評価額＝30万円×0.3×面積

● **道路に提供されている土地**

この部分は非課税となる（0評価）

小規模宅地等の特例について知っておこう

事業用地・居住用の宅地は評価額が軽減される

■■ 小規模宅地等の特例とは

　事業用の土地や居住用の土地は生活基盤財産のため、遺産の中に住宅や事業に使われていた宅地等がある場合には、その宅地等の評価額の一定割合を減額する特例（小規模宅地等の特例）が設けられています。対象となるのは、主に以下の要件を満たしている場合です。

・被相続人または被相続人と生計を一にしていた被相続人の親族の居住または事業のために使用されている宅地等、または特定同族会社や特定郵便局の敷地として使用されている宅地等であること

・棚卸資産およびこれに準ずる資産に該当しないこと

・農地や牧草地以外で建物や構築物などの敷地であった宅地

・相続税の申告期限までに遺産分割が確定していること

・相続税の申告期限までに相続人がその土地を取得し、居住や事業等のために利用していること

・被相続人が居住に使用していた宅地を複数所有していた場合、「主として」居住していた宅地に限定

・相続開始前3年以内に、本人、配偶者、3親等内の親族または特別の関係がある法人が所有する家屋に居住したことがなく、かつ相続開始前に本人が居住している家屋を所有したことがないこと（配偶者や同居の親族以外の者が対象となる宅地を取得する場合）

・相続開始前3年以内に新たに事業を行った宅地等ではないこと（相続開始前3年以内に事業で使用された宅地等であっても、その宅地の上で事業で使用された建物や構築物などの償却資産の価額が、宅地等の相続時の価額の15％以上ある場合を除く）

■■ 評価減率はどうなっている

具体的な評価減率は、次の①〜③のようになります。

① 特定居住用宅地等（限度面積330㎡）

申告期限までに、被相続人またはその配偶者と同居または生計を一にしていた親族が、被相続人が居住していた土地を自分の居住用として使う場合、80％の減額となります。被相続人に配偶者や同居している親族がいない場合には、別居の親族でも、持ち家をもたないなど一定の要件を満たせば、本特例の適用を受けることができます。

② 特定事業用宅地等（限度面積400㎡）

申告期限までに、被相続人が事業用に使用していた土地を取得して同じ事業に使う場合、80％の減額となります。

③ 貸付事業用宅地等（限度面積200㎡）

不動産貸付業や駐車場などを営んでいる場合には、200㎡までの宅地部分に関して、50％の減額となります。

たとえば、遊休地を持つ資産家が、事業用建物を建てることで上記②の適用対象となるため、相続税を相当節税できる可能性があります。

なお、2世帯住宅について、被相続人とその親族が各独立部分に分かれて住んでいた場合においても、小規模宅地等の特例が適用されます。

■ 小規模宅地等の減額の計算例

〈設定〉・宅地面積……500㎡　　・通常の評価額……1億

ケース	減額される額	課税される額
特定居住用宅地等	$1億円 \times \dfrac{330㎡}{500㎡} \times 80\%$ = 5,280万円	1億円 − 5,280万円 = 4,720万円
特定事業用宅地等	$1億円 \times \dfrac{400㎡}{500㎡} \times 80\%$ = 6,400万円	1億円 − 6,400万円 = 3,600万円
貸付事業用宅地等	$1億円 \times \dfrac{200㎡}{500㎡} \times 50\%$ = 2,000万円	1億円 − 2,000万円 = 8,000万円

9 小規模宅地等の特例はどんな土地に適用されるのか

一定の条件を満たす小規模宅地は、相続税評価額を低くすることができる

特定事業用宅地等とは

被相続人が貸付事業以外の事業に使用していた宅地を特定事業用宅地等といい、相続税額計算にあたって軽減の措置の適用を受けることができます。多額の相続税が課せられることによって、事業の承継が阻害されることを防ぐことを目的に設けられているもので、逆に言えば事業の承継が行われない場合は相続税軽減の配慮は受けられないことになります。このため措置の適用を受けるためには、次のいずれかに該当する人がその宅地を相続していることが必要です。

・被相続人自らがその宅地を使用して事業を行っていた場合

① その宅地の上で営まれていた被相続人の事業を相続税の申告期限までに承継し、その申告期限までその事業を営んでいること

② その宅地を相続税の申告期限まで所有していること

・被相続人と生計を一にしていた親族がその宅地を使用して事業を行っていた場合

① 相続開始前から相続税の申告期限まで、その宅地で事業を営んでいること

② その宅地を相続税の申告期限まで所有していること

要件を満たしている場合、400㎡まで評価額を80％減額することができます。

特定居住用宅地等とは

被相続人等が居住していた宅地を特定居住用宅地等といい、特定事業用宅地等と同様、相続税額計算にあたって軽減の措置の適用を受け

ることができます。相続によって生活に必要な宅地を取得した場合を対象にしており、適用を受けることができるのは次のいずれかに該当する人がその宅地を相続している場合に限られます。

・被相続人自らがその宅地等に居住していた場合

① 被相続人の配偶者

② 相続開始の直前から相続税の申告期限まで引き続きその家屋に居住し、その宅地を相続税の申告期限まで所有している親族

③ ①②に該当する人がいない場合で、次のすべてを満たす親族（相続開始時に日本国内に住所がなく、日本国籍を有していない人を除く）

ⓐ 相続開始前３年以内に日本国内にある自己か自己の配偶者、自己の三親等内の親族または特別の関係のある一定の法人が所有する住宅（相続開始の直前において被相続人が居住していた住宅を除く）に居住したことがないこと

ⓑ 相続開始時に、自己が居住している住宅を相続開始前のいずれの時においても所有していたことがないこと

ⓒ その宅地を相続税の申告期限まで所有していること

・被相続人と生計を一にしていた親族がその宅地等に居住していた場合

① 被相続人の配偶者

② 相続開始前から相続税の申告期限まで引き続きその家屋に居住し、その宅地等を相続税の申告期限まで所有している、被相続人と生計を同一にしていた親族

評価額を減額できる割合も特定事業用宅地等と同じ80％で、330㎡まで措置の適用を受けることができます。

▩ 特定同族会社事業用宅地等とは

相続開始の直前に被相続人及び被相続人の親族等が発行株式総数、あるいは出資の総額の50％を超えて保有している法人が事業用（貸付事業を除く）として使用していた宅地を、特定同族会社事業用宅地等

といいます。特定同族会社事業用宅地も継続して所有される必要性が高いため、以下の要件を満たす人がその宅地を相続している場合、評価額軽減の措置の適用を受けることができます。

① 相続税の申告期限においてその法人の法人税法2条15号に規定されている役員（清算人を除く）であること

② その宅地等を相続税の申告期限まで所有していること

対象となる面積は400㎡まで、特定事業用宅地等や特定居住用宅地等と同じように評価額を80％減額することができます。

■■ 貸付事業用宅地等とは

被相続人が不動産貸付業や駐車場業といった貸付事業として使用していた土地を貸付事業用宅地等といいます。貸付事業には、事業とは言えない程度でも不動産の貸付などの行為で、相当の対価を得て行っていた「準事業」も含まれます。相続人の要件は以下のとおりです。

・被相続人自らがその宅地を使用して貸付事業を行っていた場合

① その宅地に関する被相続人の貸付事業を相続税の申告期限までに承継し、その申告期限までその貸付事業を行っていること

② その宅地を相続税の申告期限まで所有していること

・被相続人と生計を同一にしていた親族がその宅地を使用して貸付事業を行っていた場合

① 相続開始前から相続税の申告期限まで、その宅地に関する貸付事業を行っていること

② その宅地を相続税の申告期限まで所有していること

貸付事業用宅地等についての評価額の減額率は50％で、対象面積は200㎡となっています。

■■ 土地が複数ある場合の適用面積はどうなるのか

小規模宅地等の特例の適用対象である土地を複数所有しているとき

は、次の合計が400㎡以下となる範囲内でのみ、評価額を減額することができます。

① 特定事業用宅地等の適用面積

② 特定同族会社事業用宅地等の適用面積

③ 特定居住用宅地等の適用面積×5/3

④ 貸付事業用宅地等の適用面積×2

　小規模宅地等の特例を利用する土地が上記のうち1種類のみである場合、特定事業用宅地等や特定同族会社事業用宅地等の場合は400㎡まで適用対象として認められるのに対し、特定居住用宅地等の場合は330㎡、貸付事業用宅地等の場合は200㎡までしか認められないことになります。したがって、特定事業用宅地等・特定同族会社事業用宅地等、特定居住用宅等、貸付事業用宅地等の順序で小規模宅地の特定を使うと、より広い面積で適用を受けることができます。しかし、より多くの相続税額を減少させる効果を得るためには1㎡あたりの評価額も考える必要があります。

　以下のような土地がそれぞれ250㎡あった場合を考えてみましょう。

　A：1㎡20万円の特定事業用宅地等

　B：1㎡50万円の特定居住用宅地等

　C：1㎡90万円の貸付事業用宅地等

　これらについて小規模宅地等の特例の適用を受けなかった場合の評価は次のとおりです。

　A：20万円×250㎡＝5,000万円

　B：50万円×250㎡＝1億2,500万円

　C：90万円×250㎡＝2億2,500万円

　合計　4億円

　ここでは、①A→B→Cの順序で小規模宅地等の特例の適用を受けた場合と、②Cを優先して小規模宅地等の特例の適用を受けた場合について、軽減される金額を計算してみましょう。

① A→B→Cの順序で小規模宅地等の特例の適用を受けた場合

　まず、特定事業用宅地等250㎡すべてについて特例が適用されます。次に、残った特定居住用宅地等の150㎡分（400㎡−250㎡）について、前ページ③より、3分の5倍した結果150㎡になる面積を算出します。「90㎡×5/3＝150㎡」となるので、特定居住用宅地等からは90㎡の評価額を軽減させることができます。

　　A：20万円×250㎡×（1−80％）＝1,000万円

　　B：{50万円×90㎡×（1−80％）}　＋　{50万円×（250㎡−90㎡）}　＝8,900万円

　　C：90万円×250㎡＝2億2,500万円

　　合計　3億2,400万円

② Cを優先して小規模宅地等の特例の適用を受けた場合

　前ページ④より、貸付事業用宅地等については面積を2倍して判断するため、限度面積が400㎡であることとの関係で、貸付事業用宅地等のうち200㎡分しか小規模宅地等の特例を受けることはできません（AとBについては特例を利用することはできません）。

　　A：20万円×250㎡＝5,000万円

　　B：50万円×250㎡＝1億2,500万円

　　C：{90万円×200㎡×（1−50％）}　＋　（90万円×50㎡）＝1億3,500万円

　　合計　3億1,000万円

　①の場合、340㎡（250㎡と90㎡）について小規模宅地等の特例の適用を受けることができますが、減額できる評価額は7,600万円です。一方、②の場合、200㎡の面積しか対象とならないものの、9,000万円の評価額を減額させることが可能です。

地積規模の大きな宅地は相続税・贈与税が安くなるというのは本当でしょうか。対象となる土地や計算方法について教えてください。

広い土地の場合、相続税・贈与税の評価額が、通常の土地の評価額よりも低くなることがあります。地積規模の大きな宅地は、そのような評価額の減額の対象になっている土地のことを指します。具体的には、三大都市圏（首都圏、近畿圏、中部圏）においては500㎡以上の地積の宅地、三大都市圏以外の地域においては1,000㎡以上の地積の宅地をいいます。

ただし、次に所在する宅地については「地積規模の大きな宅地」から除かれます。

・市街化調整区域

市街化が抑制されている区域です。ただし、一定の開発行為を行うことができる区域は、地積規模の大きな宅地に含まれます。

・工業専用地域

都市計画のために、土地の利用を住居地、商業地、工業地として13種類に細かく分けた用途地域のうち、工場建設専用の地域です。

・指定容積率が400％以上（東京23区の場合には300％以上）

指定容積率とは、都市計画で定められている建築物の延べ面積の敷地面積に対する割合です。

・大規模工業用地

5万㎡以上の面積を有する工場用地をいいます。

●「地積規模の大きな宅地の評価」の対象となる宅地

前述した地積規模の大きな宅地のうち、路線価地域に所在するものについては、148ページで説明した「普通商業・併用住宅地区」と「普通住宅地区」に所在する2つの地区区分のみが評価減の対象となります。一方、倍率地域に所在するものについては、地積規模の大きな宅

168

地に該当すればすべてが対象となります。

●地積規模の大きな宅地の評価額はどのように計算するのか

地積規模の大きな宅地の評価方法は、①路線価地域に所在する場合と②倍率地域に所在する場合で、次のとおりに分けられます。

① 路線価地域に所在する場合

路線価に、奥行価格補正率や不整形地補正率などの各種画地補正率の他、規模格差補正率を乗じて求めた価額に、その宅地の地積を乗じて計算した価額によって評価します。

> 評価額＝路線価×奥行価格補正率×不整形地補正率などの各種
> 画地補正率×規模格差補正率×地積（㎡）

規模格差補正率は、次の算式により計算します（小数点以下第2位未満は切り捨て）。

$$規模格差補正率 = \frac{Ⓐ×Ⓑ+Ⓒ}{地積（Ⓐ）} × 0.8$$

上記算式中の「Ⓑ」及び「Ⓒ」は、次ページ表のとおりです。

② 倍率地域に所在する場合

次の2つのうちのいずれか低い価額により評価します。

・その宅地の固定資産税評価額に倍率を乗じて計算した価額
・その宅地が標準的な間口距離及び奥行距離を有する宅地であるとした場合の1㎡当たりの価額に、普通住宅地区の奥行価格補正率や不整形地補正率などの各種画地補正率の他、規模格差補正率を乗じて求めた価額に、その宅地の地積を乗じて計算した価額

■ 規模格差補正率算定で使用する比率等 ··································

三大都市圏に所在する宅地

地積	普通商業・併用住宅地区、普通住宅地区	
	Ⓑ	Ⓒ
500 ㎡以上 1,000 ㎡未満	0.95	25
1,000 ㎡以上 3,000 ㎡未満	0.90	75
3,000 ㎡以上 5,000 ㎡未満	0.85	225
5,000 ㎡以上	0.80	475

三大都市圏以外に所在する宅地

地積	普通商業・併用住宅地区、普通住宅地区	
	Ⓑ	Ⓒ
1,000 ㎡以上 3,000 ㎡未満	0.90	100
3,000 ㎡以上 5,000 ㎡未満	0.85	250
5,000 ㎡以上	0.80	500

■ 地積規模の大きな宅地の評価額の計算例 (三大都市圏の普通住宅地区の場合)

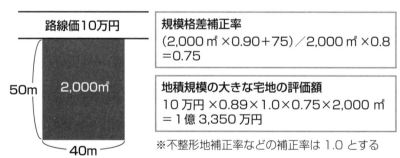

路線価10万円

50m　2,000㎡　40m

規模格差補正率
(2,000 ㎡ ×0.90＋75) ／2,000 ㎡ ×0.8
＝0.75

地積規模の大きな宅地の評価額
10 万円 ×0.89×1.0×0.75×2,000 ㎡
＝1 億 3,350 万円

※不整形地補正率などの補正率は 1.0 とする

10 相続税の税額控除にはどんなものがあるのか

6種類の税額控除により税負担の軽減を図っている

■■ 税額控除とは

相続税では、相続や遺贈で財産を取得した人の個別的な事情などを考慮して、主に6種類の税額控除等を設けて税負担の軽減を図っています。

6種類の税額控除とは、①贈与税額控除、②配偶者の税額軽減、③未成年者控除、④障害者控除、⑤相次相続控除、⑥外国税額控除です。また、これらを控除する順番も①〜⑥の順で行います。なお、相続時精算課税の適用を受けて納めた贈与税は、これら6種類の税額控除の計算の後で、精算する（相続税額から控除する）ことになります。

① 贈与税額控除

相続開始前7年以内（令和5年12月以前は3年以内）に贈与があり、相続税の課税価格に加算した人は、その贈与税相当額が控除されます。また、贈与の際に支払った贈与税額はこの控除で相殺することができます。

② 配偶者の税額軽減

遺産分割が確定し、申告書にその旨を記載していることを要件として、配偶者には特別控除があります。この配偶者の税額軽減を利用できるのは被相続人の戸籍上の配偶者だけです。内縁関係にある配偶者には適用されません。具体的には、取得相続財産のうち法定相続分以下の額か、1億6,000万円までの額のうち、どちらか大きい金額までが控除額になります。取得財産がこの範囲内であれば無税です。ただし、この場合でも相続税の申告書は提出する必要があります。

また、申告期限までに遺産分割協議がまとまらない場合には、申告期限までに所轄の税務署長に遺産分割ができない理由を届け出ます。

これが認められた場合に限って、３年間、配偶者の特別控除の適用を延長することができます。

③　未成年者控除

　法定相続人が未成年者であるときは、未成年者控除が適用されます。控除額は、満18歳になるまでの年数に10万円を乗じた金額です。

　この場合の年数に１年未満の端数があるときは１年に切り上げます。たとえば、相続人の年齢が15歳８か月であれば10万円×３年（残り２年４か月を切り上げ）＝30万円が控除額になります。

　未成年者控除額が、その未成年者本人の相続税額を超える場合は、その控除不足額をその未成年者の扶養義務者の相続税額から差し引きます。なお、法定相続人であることが条件ですが、代襲相続人となった孫やおい、めいなどは控除の対象になります。

④　障害者控除

　法定相続人が障害者であるときは、障害者控除が適用されます。控除額は、満85歳になるまでの年数に10万円（特別障害者は20万円）を

■ 主な相続税の税額控除の種類 ………………………………………

贈与税額控除	相続開始前７年以内（令和５年12月以前は３年以内）に贈与があり、課税価格に加算した場合は、その贈与税相当額が控除される。
配偶者の税額軽減	法定相続分と１億6,000万円のうち大きい額までは非課税（申告期限の10か月以内に遺産分割が確定している配偶者が対象）。
未成年者控除	満18歳になるまでの年数１年につき10万円を控除。
障害者控除	85歳になるまでの年数１年につき10万円（特別障害者の場合は20万円）を控除。
相次相続控除	10年以内に２回以上相続があった場合に一定金額を控除。
外国税額控除	二重課税防止のための外国の税金を控除。

乗じた金額です。年数の端数及び控除不足額が生じたときの取扱いは、未成年者控除の場合と同様です。

⑤　相次相続控除

　短期間に相次いで相続が発生すると、相続税が大きな負担になります。そのような事態を避けるために設けられたのが「相次相続控除」です。10年以内に2回以上相続があった場合は、最初の相続の相続税のうち一定の金額を、2回目の相続の相続税から控除できます。

⑥　外国税額控除

　相続財産の中に外国の財産があったときは、相続人が日本在住の場合、日本の相続税がかかり、その相続財産がある国でも相続税が課せられることがあります。このように二重に課税される事態を避けるために設けられたのが「外国税額控除」です。外国で相続税に相当する税金を支払っている場合は、日本の相続税額から一定の金額を控除することができます。

■■ 納付税額を確定する

　132ページで述べた相続税の総額を実際に相続人が取得した財産に応じて按分した額に、各人の事情に合わせて「2割加算」と「税額控除」を行い、算出された額が、それぞれの相続人の最終的な「納付税額」となります。

■ 相続人と相続税の2割加算 ･･･････････････････････････････

相続人が ・配偶者　・子　・父母	▶	各相続人の税額から税額控除を差し引く
相続人が ・祖父母　・兄弟姉妹 ・おい・めいなど （配偶者と1等親の血族以外の者）	▶	各相続人の税額に2割加算した金額から税額控除を差し引く

11 相続税の取得費加算について知っておこう

相続や贈与にかかる土地や建物の売却には、一定の配慮がなされる

どんな特例なのか

相続税は現金で一括して納付することになっているので、相続税を支払うために取得した財産を売却しなければならないことも少なくありません。相続や贈与によって取得した財産には取得費がかかっていないため、課税の対象とされる譲渡益も大きなものになります。やむを得ない理由で行われる財産の売却によって生じた利益に対し高額な課税を行うことは合理的ではないため、一定の配慮がなされています。

相続税の取得費加算は、相続や遺贈によって取得した財産を売却した場合に、相続税の一定額分を取得費に加算して売却益を計算する措置です。ただし、この特例は譲渡所得のみの特例ですので、事業所得、雑所得になる株式等の譲渡については、適用できません。取得費加算の適用を受けるためには以下の要件を満たしていることが必要です。

① 相続や遺贈により財産を取得した者であること

② その財産を取得した人に相続税が課税されていること

③ 相続開始の日の翌日から相続税の申告期限の翌日以後3年以内に譲渡した財産であること

どのように計算するのか

取得費に加算できる金額は、財産を売却した人に課せられた相続税のうち、土地や売却した財産に対応する金額です。売却した財産には、相続時精算課税制度（187ページ）によって相続していた財産や、相続開始前7年以内（令和5年12月以前の場合は3年以内）に贈与を受けていたため、相続税の課税対象となった贈与財産などが含まれます。

174

また、債務を引き継いだ場合、その額が控除されます。

　取得費に加算することが認められる相続税額の計算方法は、以下のとおりです。

　売却したものが土地でも、土地以外の財産でも、相続税額のうち売却した財産に対応した部分が取得費に加算が可能となります。

　相続時の本人の相続税額に、売却した財産の価額÷（相続税課税価額＋債務控除額）の割合を掛けて算出します。ただし、その算出金額がこの特例を適用しないで計算した譲渡益の金額を超える場合は、その譲渡益の金額が加算の上限額になります。

■ 取得費の特例が適用される場合の計算例

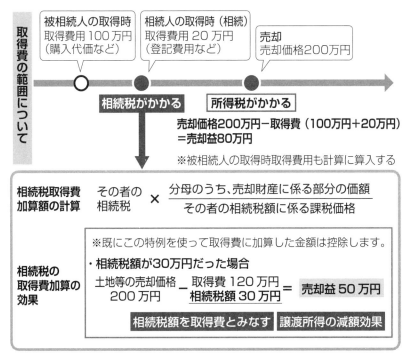

本来の贈与ではなくても、みなし贈与財産とされることもある

■■ 贈与税はなぜ課税されるのか

　贈与税は相続税の補完税と言われています。「相続税が課税されるくらいなら相続する前に将来の相続人に財産を分けておこう」とは、誰もが考えることです。しかし、これでは相続税が簡単に回避されてしまうことになります。そこで、贈与が発生したときに課税する贈与税の規定を、同じ相続税法の中に設けて相続税を補完する税としたわけです。このため、贈与税の税率は相続税の税率より高くなっています。

　このように贈与税は、相続税逃れを防止し、不公平を是正して相続税本来の目的である富の再分配を行うことを目的とした税金です。

　親から子への贈与として、子ども名義の預金通帳を作って贈与しようとする場合があります。しかし、後になって税務署から「子どもの名義を借りて貯金しているだけである」として、贈与であることを否認されるケースも考えられます。では、具体的にどのようにすれば、そうしたトラブルを避けることができるのでしょうか。

　贈与とは、自己の財産を無償で相手方に与える意思表示を行い、相手方がこれを受諾することによって成立する契約です。契約自体は口頭でも成立しますが、税務上のトラブルを避けるには、親子間であっても贈与するたびに契約書を作成しておくことが大切です。贈与した以上は、その財産は子どものものになるわけですから、通帳や印鑑、キャッシュカードは子ども自身が管理するようにします。

■■ 対象となる財産の範囲

　贈与税の対象は、贈与を受ける人（受贈者）の住所が日本か、海外

かによって変わります。受贈者の住所が日本である場合、受け取る財産が世界のどこにあっても、その財産は贈与税の対象になります。

　一方、受贈者の住所が海外の場合、日本国内にある財産に対してだけ贈与税がかかるというのが基本です。ただ、受贈者の住所が海外であっても、外国にある財産にも贈与税がかかることがあります。それは、受贈者または、贈与者の住所が贈与をする前の10年以内に日本にあった場合などです。

■■ 本来の贈与財産とは

　本来の贈与財産とは、民法上の贈与の対象となり、贈与税が当然に課せられる財産です。みなし贈与財産に相対する言葉でもあります。経済的価値のあるもの、つまり、価値がお金に換算できるものすべてが本来の贈与財産になります。物理的な財産だけでなく、債権、無体財産権（著作権、特許権などの知的所有権）、営業権などが含まれる他、以下の場合にも本来の贈与財産となります。

① 　対価の授受はないが、不動産や株式に関して名義変更をした場合
② 　お金を出した人以外の人の名義で不動産や株式などを取得した場合
③ 　相続放棄を除いて共有財産の共有者が持分を放棄した場合
④ 　受贈者が経済的な負担をすることを条件に贈与を受ける（負担付贈与）場合で、その負担が第三者の利益となる場合

■■ みなし贈与財産の内容

　金銭的にその評価額を見積もることのできる現金、預貯金、土地、建物等をもらった場合は、贈与を受けたことが明白です。それに対し、本来の贈与ではなくても、実質的に贈与を受けたのと同じように経済的利益を受け取った場合には、「みなし贈与」があったとされます。

　みなし贈与の場合、当人が贈与であるという認識をしていないことが多いため、贈与税の申告をせず、税務署に指摘された後でみなし贈

与について初めて知ったという人が多いようです。これらは民法上の贈与財産ではありませんが、相続税法上は贈与税の対象になります。

　みなし贈与財産とは、具体的には、①債務免除等、②返済能力あるいは返済する意思が初めからない場合の親族からの借金、③委託者以外の者が受益者となる信託財産、④生命保険の保険料の負担者、被保険者、保険金の受取人がすべて違う場合の保険金の受取人が受け取った保険金、⑤定期金、⑥低額譲受け（低額譲渡）などの場合の対象財産を指します。これらのみなし贈与については、基礎控除を超えた金額が贈与税の課税対象になります。

　このうち④の生命保険は、死亡保険金や満期保険金などを保険料負担者以外の人が受け取る場合、保険金の受取人が保険料を負担していた人から保険金の贈与を受けたものとみなします。ただ、保険金の受取人が法定相続人の場合には、贈与ではなく、相続とみなされることがあるため、注意が必要です。

　⑤の定期金とは、一定の期間にわたって、定期的に金銭などの給付を受けることをいいます。定期金の例としては、個人年金保険の年金が典型です。

　⑥の低額譲受けは、時価よりも低い価格で財産を買ったというような場合に起こります。たとえば、ある人が、時価１億円の土地を3,000万円で買った場合、差額の7,000万円は、売った人から買った人への贈与とみなされます。

■ みなし贈与財産のしくみ ……………………………………………

生命保険金	保険金の受取人以外の者が保険料を負担していた場合に保険金を取得したときに課税される
低額譲受け	著しく低い価格で財産を譲り受けた場合に課税される
債務免除益等	債務免除や債務の肩代わりをしてもらったときに課税される

法人からの贈与や香典、祝物、親子間で土地の貸借をするような場合には贈与税がかからないのでしょうか。贈与税が課税されない財産について教えてください。

 贈与を受けた場合、原則としてすべての財産に対して贈与税が課税されます。しかし、中にはその財産の性質や贈与の目的などから見て、例外的に贈与税が課税されない財産もあります。

以下の財産については、贈与税がかからないことになっています。

・法人からの贈与

贈与税は個人間の贈与にかかる税金です。法人から財産の贈与を受けた場合は所得税が課税されます。つまり、この場合には贈与税がかからないだけで、納税自体が免れるわけではありません。

・扶養義務者からの生活費や教育費

両親や夫婦などの扶養義務者から、日常生活に必要な費用や学費、教材費などとして、必要の都度これらに充てるために取得した財産のことです。名目が生活費や教育費であっても、株式や不動産の購入資金に充てている場合には贈与税がかかることがあります。

・香典、祝物など

個人から受け取る香典、花輪代、年末年始の贈答、祝物または見舞などとして受け取った金品で、常識の範囲内と認められるものです。

・相続があった年に被相続人から取得した財産

相続等により財産を取得した人が、その相続のあった年に被相続人から亡くなる前に贈与として受け取った財産については、贈与税は課税されません。ただし、相続財産として相続税が課税されます。

・離婚に伴う財産分与で取得した財産

離婚した際に財産分与請求権に基づいて取得した財産については、贈与により取得したことにはなりません。

なお、以下の贈与についても非課税となります。

・宗教、学術などの公益事業を行う者が事業のために取得した財産
・奨学金の支給を目的とする特定公益信託などから交付される金品で、一定の要件にあてはまるもの
・地方公共団体の条例によって、精神や身体に障害のある人またはその扶養者が心身障害者共済制度に基づいて支給される給付金を受ける権利
・公職選挙法の適用を受ける選挙の候補者が、選挙運動のために取得した金品で、規定に基づいて報告されているもの
・特別障害者扶養信託契約に基づく信託受益権で一定要件を満たすもの

　この他に、夫婦間の居住用不動産の贈与についても一定範囲内で非課税となる「配偶者控除」（184ページ）という特例があります。また、住宅取得等資金、教育資金、結婚・子育て資金の贈与については、上記に該当しない場合でも、一定要件を満たすものであれば非課税となる特例制度が別途あります。

●親子間で土地の貸借をした場合

　親子間で土地を貸し借りした場合についてみていきましょう。たとえば、親名義の土地に子どもが家を建てて住む場合は、親は子どもに無償で土地を貸しているということになります。このように、無償で土地を貸し借りすることを「使用貸借」といいます。個人間の使用貸借の場合は、「借地権」は発生しませんので、贈与税が課税されることはありません。

　親が亡くなって、子どもが使用貸借していた土地を相続する場合は、借地権が設定されていないため、土地の評価はそのまま自用地（他人の権利の目的となっていない更地）としての評価となります。

　では、親が他人から「借りている」土地に、子どもが家を建てて住む場合はどうなるのでしょうか。これは、親の借地権を子どもが無償で借りているということになります。

　親が借地を子どもに転貸した場合、地主、借地人である親、土地を

使用する子どもの三者が合意していることが前提ですが、税務署に「借地権の使用貸借に関する確認書」を提出しておくと、贈与税は課税されません。

　この場合、親が亡くなった後は、借地権が相続財産となります。借地権の評価方法は、その土地の自用地としての評価額に「借地権割合」を乗じて計算した金額です。

■ 贈与税がかからない贈与

贈与税をかけるにふさわしくない
■扶養義務者からの**生活費**や**教育費**
■**香典、祝物**など
■**離婚に伴う**財産分与で取得した財産
■宗教・学術などの**公益**事業目的で取得した財産
■**奨学金支給**などを**目的**とする特定公益信託などから交付される金品で一定の要件を満たすもの
■地方公共団体の条例により、**精神・身体障害者**に支給される給付金
■公職選挙法の適用を受ける立候補者が**選挙運動のために**取得した金品で規定に基づき報告済みのもの
■**特別障害者扶養信託契約**に基づく信託受益件で一定要件を満たすもの

贈与税の対象外
■法人からの贈与（**所得税の対象**）
■相続があった年に被相続人から取得した財産（**相続税の対象**）

特例などによる免除
■夫婦間の居住用不動産の贈与（一定範囲内）
■住宅取得等資金、教育資金、結婚・子育て資金の贈与で一定要件を満たすもの
■親子間の土地の使用貸借
■親子間の借地権転貸（条件⇒税務署に「借地権の使用貸借に関する確認書」提出）

贈与税を計算してみよう

相続税に比べて非常にシンプルである

■■ 贈与税の計算手順とは

以下の2つの手順を踏みます。

① 課税価格の計算

まず、毎年1月1日から12月31日までの間に贈与された財産の価格を求めます。複数の人から贈与された場合には、その全員からの贈与の合計額が対象価格になります。贈与された財産が土地や有価証券などの財産である場合は、相続税の場合と同様の方法で評価します。そこから110万円の基礎控除額を差し引くことができ、差引後の金額が課税価格となります。2人以上から贈与を受けたときでも、贈与者それぞれから110万円を差し引くことはできず、贈与を受けた1人につき1年間で110万円の基礎控除額を差し引くことになります。

したがって、年間に贈与された額が110万円以下であれば贈与税は課税されません。ただし、「負担付贈与」と「個人間の対価を伴う贈与」によって取得した株式および不動産は、贈与時の時価で評価することに注意が必要です。

「負担付贈与」とは、財産と借入金をいっしょに贈与するような場合を指します。たとえば、株式購入の資金としてお金を借りた後に、その株式と借入金（借金返済の負担）をいっしょに贈与するのが負担付贈与です。また、「個人間の対価を伴う贈与」とは、財産を贈与する代わりに贈与を受ける人に経済的な対価を要求する場合です。たとえば、父親が兄弟の兄の方に土地を贈与する代わりに兄から弟にお金を渡すといったケースです。

② 贈与税額の計算

贈与された財産の価格から基礎控除を除いた金額を計算した後に、贈与税額の計算を行います。暦年課税は、取得した財産の価格から基礎控除額を差し引いた残額に「贈与税の税額表（速算表）」（142ページ）に定める税率を乗じて贈与税額を算出します。贈与税の計算は以上で完了です。相続税を算出する場合は、課税価格の計算、相続税の総額の計算、納付税額の計算と３つのプロセスを踏まなければなりませんが、贈与税は極めてわかりやすいシンプルな方法で算出できます。数式で表すと以下のとおりです。

（贈与を受けた財産の合計額 ＋ みなし財産 － 非課税財産）
　－ 基礎控除額（110万円）＝ 課税価格
課税価格 × 税率 ＝ 贈与税額

※非課税財産の例：法人から贈与された財産、親族間から生活費や教育費として取得した財産、香典や年末年始の贈答・祝物又は見舞い金など

　なお、贈与税の計算には、配偶者控除や相続時精算課税制度といった特例があるため、これらの特例により算定を行うこともあります。

■ 贈与税の計算方法 ……………………………………………………

原則 ---- 暦年課税制度
　（贈与を受けた財産の合計額＋みなし財産－非課税財産）
　　－ 基礎控除額（110 万円）＝課税価格
　　課税価格×税率＝贈与税額
　（例）現金350万円の贈与を受けた場合
　　　課税価格 ＝ 350万円 －110万円 ＝ 240万円
　　　贈与税額は速算表より
　　　240万円 ×15％ －10万円 ＝ 26万円

特例 　相続時精算課税制度
　　　配偶者控除など

14 贈与税についてのさまざまな特例を知っておこう

居住用不動産またはその取得資金2,000万円まで控除できる

■■ 配偶者控除とは

　贈与税の税額を算出する際には、基礎控除額110万円の他に、配偶者からの居住用不動産などの贈与については、さらに配偶者控除（最高2,000万円）を差し引くことができます。そのため、配偶者控除を受ける年は、基礎控除額と合計した2,110万円まで無税ということになります。また、相続開始前7年以内（令和5年12月以前は3年以内）に贈与された財産は相続財産の価格に加算されるという規定がありますが、配偶者控除を受けた場合の控除額に相当する部分は、加算する必要はありません。つまり、控除額に相当する部分には相続税が課税されません。ただし、夫婦といっても、内縁関係であるだけでは適用を受けることができません。また、不動産取得税や登録免許税は課税されますので注意してください。

■■ 居住用不動産の範囲とは

　配偶者控除の対象となる居住用不動産は、贈与を受けた夫や妻が住むための国内の家屋またはその家屋の敷地であることが条件になります。居住用家屋の敷地には借地権も含まれます。居住用家屋と敷地は一括して贈与を受ける必要はありません。居住用家屋や居住用家屋の敷地のみの贈与を受けることができます。居住用家屋の敷地のみの贈与について配偶者控除の適用を受けるには、①夫または妻が居住用家屋を所有していること、②夫または妻と同居する親族が居住用家屋を所有していること、のいずれかの条件にあてはまることが必要です。

　また、店舗兼住宅である不動産の場合であっても、居住用の面積が

おおむね90％以上であれば、全部が居住用不動産として特例を受けることができます。90％を下回る場合には、面積比で、居住用部分相当に対して、この特例を受けることができます。店舗兼住宅の敷地のみを取得した場合でも、一定の要件を満たした場合には、居住用部分の敷地に対して、この特例を受けることができます。

■■ 特例を受けるための条件

　配偶者控除の特例の適用を受けるためには、次の条件をすべて満たさなければなりません。なお、以下の②について、居住用不動産の贈与と居住用不動産を取得するための金銭の贈与のどちらが有利かといえば、居住用不動産の贈与のほうが有利です。贈与する不動産の価格は相続税評価額となりますので、土地の場合は路線価（実勢価格の8割程度）、建物の場合は固定資産税評価額（建築費の5～7割）に対しての贈与税の課税ですむからです。

①　夫婦（内縁関係を除く）の婚姻期間（入籍日から居住用不動産または金銭の贈与があった日まで）が20年以上であること

②　居住用不動産または居住用不動産を取得するための金銭の贈与であること

③　贈与を受けた配偶者が、翌年3月15日までにその居住用不動産に居住し、その後も住み続ける予定であること

④　同じ配偶者から過去にこの特例を受けていないこと

⑤　贈与税の確定申告をすること

　前述した④の要件は、同じ配偶者の間では一生に一度しか適用を受けることができないということを意味します。また、⑤の要件である贈与税の確定申告書には、以下の書類を添付する必要があります。

ⓐ　戸籍謄本または抄本と戸籍の附票の写し（贈与を受けた日から10日以降に作成されたもの）

ⓑ　居住用不動産の登記事項証明書

ⓒ　固定資産評価証明書など居住用不動産を評価するための書類

■■ 住宅取得等資金贈与の非課税制度

　住宅取得等資金の贈与を受けた場合の非課税制度は、自己の両親や祖父母など直系尊属から住宅取得等資金の贈与を受けた場合に、一定の非課税限度額まで贈与税が非課税となる制度です。贈与者が複数の場合、贈与を受けた金額を合計し、そのうち限度額までを非課税とすることができます。ただし、住宅そのものの贈与については、この制度の対象外となっています。

　特例の適用期限は平成27年（2015年）1月1日から令和8年（2026年）12月31日までとされています。また、非課税限度額は、耐震、省エネまたはバリアフリーの住宅用家屋の場合は1,000万円、それ以外の場合は500万円です。

■ 配偶者控除の特例 ………………………………………………………

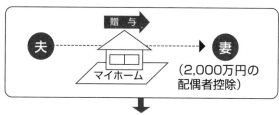

	＜適用条件＞
1	婚姻期間が20年以上の配偶者（内縁関係は除く）であること
2	贈与された財産が居住用不動産または居住用不動産を購入するための金銭であること
3	贈与を受けた年の翌年3月15日現在、実際に居住しその後も引き続いて居住する見込みであること
4	過去に同じ配偶者からの贈与について配偶者控除を受けたことがないこと
5	必ず申告をすること（一定の書類の添付が必要）

15 相続時精算課税制度とはどんな制度なのか

贈与税と相続税を一体化して捉える制度

■■ 相続時精算課税制度とは

　贈与税の課税制度には、「暦年課税制度」と「相続時精算課税制度」があります。暦年課税制度とは、1月1日から12月31日までの1年間に贈与を受けた財産の合計額から、基礎控除の110万円を控除した残額に課税する制度です。相続時精算課税制度は、生前贈与による資産の移転を円滑にすることを目的として、平成15年（2003年）の税制改正で創設された制度です。この制度は、贈与時に贈与財産に対する贈与税を納め、その贈与者の死亡時に、贈与財産の価額と相続財産の価額の合計額をもとに計算した相続税額から、すでに納めた贈与税相当額を控除するものです。つまり、贈与税と相続税の一体化です。

　なお、一度この制度を選択すると、その後同じ贈与者からの贈与について「暦年課税」を選択できません。

■■ 相続時精算課税を選択するには

　相続時精算課税制度は、贈与を受ける財産に制限はありません。しかし、この制度は「高齢者が保有している資産を利用することで、経済の活性化を図ること」などの目的で導入されたものです。そのため相続時精算課税制度を選択する場合には、次の条件を満たす必要があります。
① 贈与者がその年の1月1日において60歳以上の親、または祖父母である。
② 受贈者がその年の1月1日において18歳以上であり、かつ、贈与者の推定相続人である直系卑属（子、代襲相続の孫など）もしくは孫である。

■■ 相続時精算課税の税額計算

　相続時精算課税の適用を受ける贈与財産については、他の贈与者からの贈与財産と区分して、選択した年以後の各年にわたるその贈与者からの贈与財産の価額の合計額をもとに贈与税額を求めます。

　贈与税の額は、贈与財産の課税価格の合計額から基礎控除額110万円および特別控除額2,500万円を控除した後の金額に、一律20％の税率を掛けて算出します。この非課税枠2,500万円は、たとえば、ある年に2,000万円、翌年に500万円というように、複数年にまたがって使用してもかまいません。なお、令和5年度税制改正により、令和6年1月以降の相続時精算課税制度適用に関する贈与については、特別控除額2,500万円とは別に基礎控除110万円も控除することができるようになっています。

　また、相続時精算課税は、贈与者ごとに制度を利用することが可能です。つまり、相続時精算課税を選択した受贈者が、相続時精算課税に関する贈与者以外の者から贈与を受けた財産については、その贈与財産の価額の合計額から暦年課税の基礎控除額110万円を控除し、贈与税の速算表（142ページ）に定める税率を乗じて贈与税額を計算します。

　相続時精算課税を選択しようとする受贈者は、対象となる最初の贈与を受けた年の翌年2月1日から3月15日までの間（贈与税の申告期限）に税務署長に対して「相続時精算課税選択届出書」を提出しなければなりません。また、相続時精算課税は、教育資金贈与、結婚・子育て資金贈与、住宅所得等資金贈与の非課税制度（186ページ）と併用することができます。

　なお、相続時精算課税を利用して納付した贈与税額は、相続税の計算の際に控除します。税額控除の結果、相続税額がゼロとなっている場合には、相続時精算課税による贈与税は還付を受けることになります。

制度選択時の注意点

　まず、遺留分を考慮するという点があります。遺留分とは、法定相続人（兄弟姉妹を除く）に対して最低限取得が保障される遺産を意味します。原則として相続開始前1年間の贈与財産が遺留分侵害額請求（相続人が遺言や贈与の結果によらず、一定の財産を請求できる権利）の対象ですが、特別受益などの贈与財産は1年間より前でも遺留分侵害額請求の対象となるため、相続時精算課税制度を活用した贈与は遺留分を考慮した上で行う必要があります。これは、相続税がかからない場合でも同様です。

　また、相続時精算課税制度については、相続開始後、他の共同相続人等に、税務署に対する生前贈与財産の申告内容（贈与税の課税価格合計額）の開示請求が認められています。つまり、被相続人と特定相続人の間での贈与について、他の共同相続人に知られてしまう可能性

■ 暦年贈与課税制度と相続時精算課税制度は選択制 ⋯⋯⋯⋯⋯⋯

※相続時精算課税制度を一度利用してしまうと、同じ人（親あるいは祖父母）からの贈与
　については暦年贈与課税制度は利用できなくなる

■ 相続時精算課税制度 ⋯⋯⋯⋯⋯⋯⋯⋯⋯⋯⋯⋯⋯⋯⋯⋯⋯⋯⋯⋯⋯⋯

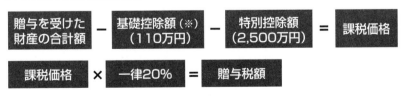

※令和6年1月以降の相続時精算課税制度適用に関する贈与について適用される

があるため、他の共同相続人が遺留分侵害額請求を提訴することも考えられます。仮に遺留分侵害額請求にまで至らなくても、遺産分割協議が難航する可能性は十分あります。

　さらに、贈与を受けた人が贈与者よりも先に死亡したときは、死亡した人の相続人が相続時精算課税制度に対する納税の義務を負うという点にも気をつけなければなりません。たとえば、父親から子ども（配偶者はいるが子どもはいないとします）へ相続時精算課税制度を活用した贈与が行われた後、父親よりも子どもが先に死んでしまった場合、子どもの財産は、その配偶者（つまり、子どもの夫または妻）と父親・母親に相続されます。

　その後に父親が死亡した際には、子どもの配偶者は父親の法定相続人ではありませんから、遺言がない限り、父親の財産を相続することはありません。ただ、子どもの配偶者は、その父親から何も財産を相続しなくても、子ども（つまり、すでに死亡した自分の夫または妻）からすでに相続した財産分の相続時精算課税に対する納税義務はそのまま承継し、税金を支払わなければなりません。

■■ 小規模宅地等の特例との併用の可否

　相続税には、事業用宅地は400㎡を上限に80％の評価減、貸付事業用宅地は200㎡を上限に50％の評価減、居住用宅地は330㎡を上限に80％の評価減、という相続財産の価格を税務上減額することができる小規模宅地等の特例があります。この特例はその宅地を相続または遺贈により取得した者が適用を受けることができる制度ですから、生前贈与財産については適用できません。将来、相続税の申告において、小規模宅地等の特例を適用したい財産については、相続時精算課税制度の適用は一般的に避けるべきです。

Q 相続時精算課税は非課税枠の範囲内なら何度でも適用できるのでしょうか。どんな場合に相続時精算課税を選択すると有効に活用できるのでしょうか。

A 相続時精算課税は、非課税枠（基礎控除額110万円＋特別控除額2,500万円）の範囲内（令和5年12月以前の贈与では特別控除額2,500万円のみ）であれば、贈与税はかからずに何回でも適用できます。この非課税枠は贈与者一人当たりの金額ですから、両親からそれぞれ非課税枠を利用して贈与を受けることも可能です。ただし、基礎控除額部分は毎年贈与者合計で110万円が限度となります。父、母の両方から相続時精算課税による贈与を受けた場合、最高5,000万円＋基礎控除額までが非課税となります。

　たとえば、令和6年に、父親から2,000万円の贈与を受け、相続時精算課税を選択したとします。令和6年では2,000万円－110万円－2,500万円＝△610万円となり、特別控除の余裕額610万円が残るため贈与税は発生しません。その後、令和7年に1,000万円の贈与を受けた場合には、1,000万円－110万円－610万円＝280万円となり特別控除額合計2,500万円を使いきることになるため、280万円×20％＝56万円の贈与税がかかることになります。

●**相続時精算課税を利用するのがよい場合**

　相続時精算課税を選択したほうが有利になるのはどのような場合でしょうか。一般的に有利になる例として、以下の3つが挙げられます。

① **値上がり傾向にある財産**

　贈与税や相続税の計算上、財産の評価は贈与や相続があった時点で行います。将来的に価値が上がることが予想されるような財産については、評価額が低い段階で贈与をしておくと、負担する税金も抑えることができます。

② **財産そのものから収益が得られる場合**

賃貸マンションや株式など、収益をもたらす財産については、早期の段階で次の世代に譲渡することにより、相続財産を増やさないという効果があります。

③　相続財産が基礎控除の範囲内である場合

相続税が課税されない最低ラインの金額をいいます。現在は「3,000万円＋600万円×法定相続人の数」が基礎控除額となります。相続時精算課税の基礎控除額110万円及び特別控除額2,500万円（令和5年12月以前の贈与の場合では基礎控除額110万円を含めない）を超過した場合、20％の贈与税が課税されますが、相続の段階で相続税の基礎控除額の範囲内であれば、最終的に負担した贈与税も還付されます。この制度を利用することにより、円滑に生前贈与を行うことができます。

これらのケースの他に、自らが死亡した後の遺産分割で相続人がもめ事を起こさないよう、相続時精算課税制度を使って生前に相続財産を分割してしまうという利用方法なども考えられます。

■ 相続時精算課税を有効に活用できるケース ……………………

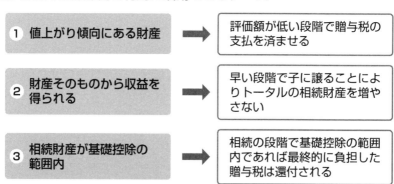

16 相続時精算課税制度の損得を計算してみる

生前贈与が節税になるか計算してみるとよい

■■ 生前贈与と相続とのいずれを選択するか

不動産取得税や登録免許税など、財産の取得理由により税率が異なる税金もあります。

不動産取得税は、相続で取得した場合ゼロですが、贈与の場合固定資産税評価額の3～4％が課税されます。

また、登録免許税については、相続の場合固定資産税評価額の0.4％ですが、贈与の場合には2％となります。このように、贈与の場合コストが余分にかかってしまうということも、生前贈与と相続とのいずれを選択するか検討する際の判断材料になるといえます。

■■ 具体的な計算例で損得を確認する

生前贈与と相続についてどちらが有利になるのか、具体例を用いて比較してみましょう。

甲氏には推定相続人である子Aがいます。甲氏の財産は、400㎡の土地（評価額5,000万円）と賃貸用マンション（評価額3,000万円）です。なお、前提条件として、借地権割合70％、借家権割合30％、不動産の固定資産税評価額3,500万円、不動産取得税3％、空室はなく（賃貸割合100％）賃貸マンションから生じる利益は年間300万円です。評価額については、10年間変わらないものとします。

①相続時精算課税を利用して子Aに生前贈与をした場合、②生前贈与せずに10年後相続した場合、の2つのケースについて検討していきます。いずれも、10年後に甲氏が亡くなり、Aが相続しています。

① 子Aに生前贈与をした場合

・生前贈与時

相続時精算課税を選択

土地（貸家建付地の評価）5,000万×｛1－（70％×30％)｝

=3,950万

建物（貸家の評価）3,000万×（1－30％）=2,100万

(3,950万＋2,100万)－基礎控除110万－特別控除2,500万=3,440万

贈与税　3,440万×20％=688万

不動産取得税　3,500万×3％=105万

登録免許税　3,500万×2％=70万

・相続時

(3,950万＋2,100万)－相続税の基礎控除（3,000万＋600万×1人）

=2,450万

相続税2,450万×15％－50万=317万5,000

・Aの税負担

688万＋105万＋70万＋317万5,000－688万（贈与税の還付）=

492万5,000（還付加算金等は考慮しない）

② 10年後に相続した場合

・相続財産

土地　5,000万×｛1－（70％×30％)｝=3,950万

小規模宅地等の特例を適用

貸付事業用宅地は200㎡まで50％減額

3,950万－3,950万×200㎡／400㎡×50％=2,962万5,000

建物　3,000万×（1－30％）=2,100万

家賃による増加財産

300万×10年=3,000万

・税金

課税財産（2,962万5,000+2,100万+3,000万）－（3,000万+600万×
1人）=4,462万5,000

相続税4,462万5,000×20％－200万=692万5,000

不動産取得税　ゼロ

登録免許税　3,500万×0.4％ =14万

・Aの税負担

692万5,000+14万=706万5,000

このように、事例では生前贈与による税負担492万5,000円に対し相
続による税負担706万5,000円ということで、生前贈与のほうが有利な
結果となりました。

なお、賃貸マンションの利益3,000万円の運用方法によっても相続
税の負担が増減する可能性があります。また、生前贈与を行った場合、
年300万の利益がAの所得に上乗せされることになり、Aの所得税や
住民税が増加する可能性があることも留意しておく必要があります。

■■ 建物だけを贈与するという方法

土地付建物については、建物だけを贈与するという方法も考えられ
ます。この場合、土地を贈与しないため、当初負担すべき贈与税の額
を減らすことができます。さらに不動産取得税や登録免許税について
も節税することができます。また、賃貸マンションの家賃収入など、
建物から得られる収益は受贈者のものになるため、相続財産を増やさ
ない、つまり相続税の負担を抑えるという効果があります。

ただし、相続時の土地の評価は建物の名義が変わることにより上
がってしまいます。なぜなら、贈与前の土地の評価は「貸家建付地」
として、自用地の評価額から借主の権利に相当する部分（地域に応じ
た借地権割合×借家権割合×賃貸割合）を減額した価額でした。とこ
ろが贈与後は、土地を受贈者に無償で貸している形になるため、使用

貸借ということで借地権相当の減額はされず、自用地としての評価となるからです。建物だけを贈与した場合について、前回の甲氏の例を使って計算してみます。

- **生前贈与時**

  相続時精算課税を選択

  建物　3,000万×（1－30%）－基礎控除110万円＝1,990万円≦2,500万

  ∴贈与税なし

- **相続時**

  土地　自用地評価のため5,000万円

  小規模宅地等の特例を適用

  貸付事業用宅地として200㎡まで50%評価減

  5,000万－5,000万×200㎡／400㎡×50%＝3,750万

  相続税　3,750万－（3,000万＋600万×1人）＝150万

  相続税　150万×10%＝15万

  不動産取得税　ゼロ

  登録免許税　3,500万×0.4%＝14万

- **Ａの税負担**

  15万円＋14万円＝29万円

この事例では、家賃の利益による所得税、住民税の負担は別にすると、土地ごと贈与または相続した場合と比較して節税効果が得られたといえます。なお、建物の所有者がＡに移った際の小規模宅地等の特例については、甲氏とＡがいっしょに暮らしている場合に適用されます。

実際の相続は、よりさまざまなケースが予想されます。何通りかの可能性についてシミュレーションを行った上で、慎重に検討するとよいでしょう。

17 相続税・贈与税の申告方法について知っておこう

相続税も贈与税も申告納税方式による

■■ 相続税の申告

相続税の申告をするときは、被相続人が死亡したときの住所地を管轄する税務署に相続税の申告書を提出します。

相続または遺贈によって取得した財産および相続時精算課税の適用を受ける財産の額の合計額が基礎控除額以下のときは、相続税の申告も納税も必要ありません。ただし、相続時精算課税を利用したことにより贈与税額を納付しているのであれば、還付を受ける申告をすることもできます。

しかし、配偶者に対する相続税額の軽減や小規模宅地等の特例は、相続税の申告をすることで初めて適用されます。したがって、これらを適用する場合は相続税がゼロのときでも申告する必要があります。

相続税の申告期限および納付期限は、相続の開始（被相続人の死亡）を知った日の翌日から10か月以内です。申告期限までに申告しなかったり、実際より少ない額で申告した場合には、罰金的な性格の加算税が課されます。また、期限までに相続税を納めなかったときは、罰金的な利息にあたる延滞税が課されます。

相続税も金銭での一括納付が原則ですが、延納や物納の制度もあります。延納は何年かに分けて納めるもので、物納は相続などでもらった財産そのものを納めるものです。延納、物納を希望する人は、申告書の提出期限までに税務署に申請書を提出して許可を受ける必要があります。

もっとも、相続税の申告が終わった後で、相続財産の申告漏れや計算の間違いに気がつくことがあります。この場合、申告内容を訂正す

る修正申告が必要です。修正申告には期限はありません。自分で気がついて修正申告した場合にはペナルティもありません。

　ただし、税務調査によって相続財産の申告漏れが発覚した場合には、納税額の10％の過少申告加算税と延滞税が課されます。さらに、相続財産の隠ぺいが発覚した場合は、重加算税が課されます。重加算税の税率は、納税額の40％と非常に高くなっています。

　逆に、税金を過大に申告したことに後で気づいた場合には、更正の請求をして税金を取り戻すことができます。更正の請求ができるのは、相続税の申告期限から５年以内（ただし、後発的理由などにより更正の請求を行う場合は、それらの事実が生じた日の翌日から２か月または４か月以内）です。

■■ 準確定申告とは

　生前、確定申告していた人、あるいは確定申告をする必要があった人が死亡した場合、相続の開始日の翌日から４か月以内に、相続税の申告の他に、相続人は共同で、死亡した人の所得の確定申告をしなければなりません。これを準確定申告といいます。

■■ 贈与税の申告

　贈与税の申告をするときは、贈与した人の住所地ではなく、贈与を受けた人の住所地を管轄する税務署に申告書を提出します。贈与を受けた額が基礎控除額以下であるときは、贈与税の申告は必要ありません。しかし、贈与税の配偶者控除や相続時精算課税制度の適用を受ける場合は贈与税がゼロでも申告する必要があります。

　贈与税の申告期限および納付期限は、贈与を受けた年の翌年の２月１日から３月15日の間です。申告期限までに申告しなかった場合や実際にもらった額より少ない額で申告した場合には、本来の税金以外に加算税がかかります。

また、納税が期限に遅れた場合は、その遅れた税額に対して罰金的な利息にあたる延滞税がかかります。贈与税も他の税金と同じく金銭で一時に納めるのが原則です。

■■ 贈与税は直系尊属からの贈与かどうかで税率が異なる

　贈与税においては、18歳以上で直系尊属から贈与を受ける場合と、それ以外のケースで贈与を受ける場合では、後者の場合のほうが相対的に高い税率となります。具体的には、基礎控除後の課税価格が300万円を超えると、後者の場合の税率の上がり具合が早くなります。

■ 相続税・贈与税の申告 ‥‥‥‥‥‥‥‥‥‥‥‥‥‥‥‥‥‥‥‥‥

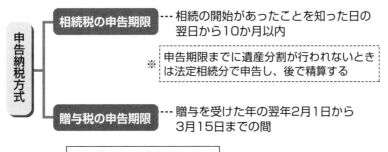

■ 相続のスケジュール ‥‥‥‥‥‥‥‥‥‥‥‥‥‥‥‥‥‥‥‥‥

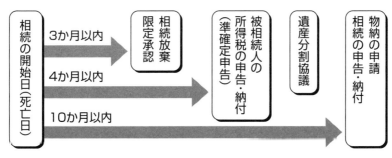

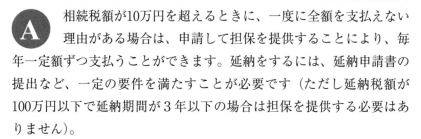

A 相続税額が10万円を超えるときに、一度に全額を支払えない理由がある場合は、申請して担保を提供することにより、毎年一定額ずつ支払うことができます。延納をするには、延納申請書の提出など、一定の要件を満たすことが必要です（ただし延納税額が100万円以下で延納期間が３年以下の場合は担保を提供する必要はありません）。

　税務署は、提出のあった書類の内容を調査した後に、適正であれば許可の通知をします。延納できる期間は、原則として５年以内ですが不動産等の占める割合によっては10年から20年までの期間となっています。また、延納の場合には、相続税額と延納期間に応じて利息がかかります。これを利子税といいます。延納の利子税率より金融機関からの借入金利率が低い時は、延納をやめて金融機関から借りて払ってしまうのも得策です。

　なお、初めに延納を選択した場合でも、一定の条件にあえば後から物納に切り替えることもできます。また、反対に物納から延納に切り替えることも可能です。

●**相続税の物納とは**

　税金は、金銭で納付することが原則ですが、不動産しか相続しなかった場合など、相続税を延納によっても金銭で納付することが困難な場合には、申請により物納をすることができます。

　物納は、納税者の売り急ぎによる不利益を回避するために設けられている制度です。たとえば、相続税が課税された土地を、被相続人の死亡時の路線価等で評価した額で納税する方法です。路線価等で評価した額が実際の売却予定額を上回る状況では物納が有利です。

　ただし、物納申請期限までに物納手続関係書類を提出することがで

きない場合は、「物納手続関係書類提出期限延長届出書」を提出することにより、1回につき3か月を限度として、最長で1年まで物納手続関係書類の提出期限を延長することができます。物納申請書が提出された場合には、税務署では、その申請内容に基づいて物納が認められるかどうかなどを調査して、物納申請期限から3か月以内に許可または却下を行います。申請財産の状況によっては、許可または却下までの期間を最長で9か月まで延長する場合があります。

　なお、物納できる財産と物納できない財産は下図のようになっています。

■ **延納と物納** ･･

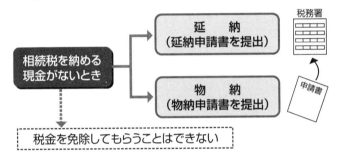

■ **物納できる財産とできない財産** ･･････････････････････････････

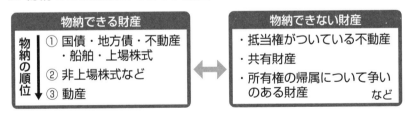

18 相続税対策について知って おこう

事前の計画的な相続税対策が非常に重要である

■■ 相続税対策はどうする

　重要なことは、事前に計画的な対策をとることです。基本的な相続税対策としては、以下の方法が挙げられます。

① 課税財産（プラスの財産）を少なくする

　これを実現するためには、生前贈与を活用することと、評価の低い財産に換えることが考えられます。生前贈与とは、被相続人が生きているうちに相続人になると予定される者に財産を移すことです。生前贈与には相続税の減税対策としての効果があります。節税のポイントは、年間1人あたり110万円の贈与税の基礎控除の活用です。

　ただし、毎年決まった時期に基礎控除以下の同じ金額を贈与し続けた場合、最初から毎年の贈与金額の合計額を一括して贈与するつもりだと税務署からみなされてしまうおそれがあります。そのように判断されると、多額の贈与税が課されてしまいます。

　また、贈与を行った場合、税務上、実質的に贈与があったかが問題とされることが多くあります。そこで、贈与の事実を明らかにするために贈与契約書を作成するのです。

　評価の低い財産に換えるとは、たとえば、現金で1億円もっているより、生前に土地を買っておく方法です。土地に換えることによって、評価額が下がるため相続税が安くなります。同じ土地でも、更地でもっているよりアパートを建てたほうが、さらに評価額は下がり、相続税は安くなります。

② マイナスの財産（借入金）を増やす

　これはアパートを建てる際に借金などをしてマイナスの財産を増や

すといった方法です。借金は遺産から差し引かれるからです。借金をしても、そのお金を現金で持っているのであれば財産の減少になりませんので、評価額を下げる資産にそれを換えることにより、さらなる節税効果を発揮することができます。

③　法定相続人を増やす

相続税の基礎控除額は法定相続人が 1 人増えるごとに600万円増えます。

法定相続人が多くなるほど基礎控除額が増え、課税される遺産額はその分少なくなります。法定相続人を増やす方法としては、被相続人の生前に行われる養子縁組などがあります。

④　税額控除や特例を活用する

これは配偶者の税額軽減や小規模宅地等の特例を有効に使うということです。

■■ 現金の相続と不動産の相続

同じ10億円でも不動産で相続したほうが現金で贈与するよりも相続税対策になるのは、法律で定められた相続税の算定方法で不動産の価値をお金に換算した場合、時価（この場合は10億円）よりも低くなるからです。

建物の場合は、固定資産税評価額が課税基準、つまり相続税の課税対象となる値段になります。これは、建築額のおおよそ60％です。つまり、10億円の建物は10億円×0.6＝ 6 億円の評価となり、 6 億円分の相続税しかかかりません。一方、土地の場合は、路線価や固定資産税評価額をもとに課税基準を算出します。そして、その評価額は実勢価格の70 〜 80％程度となります。つまり、10億円の実勢価格の土地は 7 〜 8 億円程度と評価され、その分の相続税しかかかりません。

現金で10億円を相続すれば、そのまま10億円分の相続税がかかってしまうわけですから、当然ながら不動産で相続したほうが、節税にな

るといえるでしょう。ただし、不動産を取得する際には税金や登記費用など、さまざまなコストがかかりますので、これらを考慮した上での比較が必要です。

■■不動産の贈与相続税対策

アパートなどの収益物件を持っている場合、早めに贈与することによって、以下のメリットを享受できます。

① 相続税の節税対策

相続時精算課税制度を使って物件を贈与することで、まず、2,610万円（基礎控除額110万円＋特別控除額2,500万円）は無税で贈与できます。贈与される物件は、課税評価額の算定の際に建築価格よりも大幅に低い評価額となりますから、実質的には新築の場合で6,000万円程度の物件までは贈与税を一時的に免れることができます。物件がそれ以上の評価額になっても、相続時精算課税制度によって贈与税は一律20％の税率になりますので、メリットがあるといえます。

② 親の所得税対策に役立つ

親がアパートを持っていれば、その賃貸収入は親の収入になります。親が別に仕事を持っていれば、仕事の収入と賃貸収入を合算した収入が親の所得税の課税対象になります。所得税は、累進課税で所得が多ければ多いほど税率が高くなります。たとえば、所得が4,000万円超の場合には、最高税率である45％まで上がります。

しかし、子どもにアパートを贈与すれば、賃貸収入は子どもの収入です。子どもの仕事の収入が親よりも少ない場合は、その収入と賃貸収入を合算しても親よりも収入が少ないわけですから、所得税率も低く抑えることができる可能性が高くなります。

■■孫への生前贈与と相続税対策

孫への贈与は相続税の支払回数を削減できるというメリットがありま

す。親から子、子から孫へと相続する場合、親から子の段階と子から孫への2段階を経るため、相続税を2回支払わなければならないことになります。一方、孫に財産を贈与した場合、孫に贈与税がかかる可能性がありますが、相続税はかかりません。相続税という面からは、一度も相続税を納めることなく親から孫へ財産が渡ることになります。財産の一部を孫に贈与した場合でも、贈与財産分だけ、子どもの相続財産が少なくなり、その分、子どもが支払う相続税を少なくすることができます。

　また、相続開始前の7年以内（令和5年12月以前は3年以内）の贈与は相続税の課税対象になるというルールがありますが、このルールが適用されるのは、あくまで、相続人に贈与した場合ですので、相続人ではない孫への贈与には適用されません。したがって、親が不治の病に倒れるなどの理由で、相続開始前の7年以内（令和5年12月以前は3年以内）の贈与を行った場合でも、孫への贈与であれば、相続税の課税対象に含まれなくなります。孫へ贈与した財産分だけ親から子への相続財産が減りますので、それに伴って子が支払う相続税も少なくてすむことになります。

　ただし、このような親から孫への贈与を使う場合は、年間110万円の基礎控除を上手に使えるように計算することが必要です。

■ 孫への贈与と相続税対策 ･･････････････････････････････････

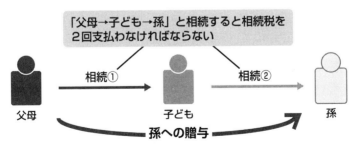

法定相続人にあたらない孫への贈与であれば、7年以内（令和5年12月以前は3年以内）の生前贈与加算の対象にならない

■■ アパート・マンション経営で節税が可能

　ある程度の広さの土地を持っている人が相続税対策として、土地にアパート・マンションを建てて、節税を行っているという話をよく聞きます。これはどのようなしくみで節税になっているのでしょうか。

　土地に対する相続税や贈与税は、路線価をもとに評価した評価額にかかってきます。路線価は、道路に面する標準的な宅地の1㎡あたりの価格で、国税庁が定めています。

　土地の評価額は、「路線価」をその土地の形状等に応じた「奥行価格補正率」などの「補正率」で補正したものに、その土地の「面積」を掛けることで計算されます。補正がないのであれば、「路線価」×「面積」となります。今、仮に実際に土地を売買するときに市場で決まる実勢価格が、1億円の土地を持っているとしましょう。路線価は実勢価格や公示価格よりも低く設定されています。今、その土地の路線価に基づく評価額が、実勢価格の80%である8,000万円だとしましょう。

　相続税の計算上、この土地の財産としての価額は8,000万円です。その額に税率を掛けたものが相続税額になってきます。

　土地が更地のままだと、この8,000万円にそのまま相続税がかかってきます。しかし、この土地にマンションを建てて賃貸マンションにすると、評価額が8,000万円より少なくなります。なぜならその土地が「貸家建付地」になるからです。

　「貸家建付地」とは、所有する土地の上に建物を建てて人に貸しているような土地のことをいいます。貸家建付地にすると、土地の評価額が下がるのです。

貸家建付地の評価額の具体的な計算式は次のようになります。

「貸家建付地の価額」＝「自分でその土地を使用した場合の価額」

×｛1－「借地権割合」×「借家権割合」×「賃貸割合」｝

この式で、「借地権割合」と「借家権割合」は、路線価図や評価倍率表で確認できます（借家権割合は、現在一律に30%）。

「賃貸割合」は、マンションの住居部分のうち実際に賃貸されている割合です。各住居の床面積をもとに数値を計算します。たとえば、マンションの住居部分が同じ広さの20件の住居に分かれていて（各賃貸用住居の床面積割合は5％）、そのうち実際に賃貸されていたのが18件だったとすると、賃貸割合は90%、つまり0.9になります。

今、この土地の借地権割合が60%、借家権割合が30%とします。賃貸割合は90%とします。その場合には、$0.6 \times 0.3 \times 0.9 = 0.162$の割合だ

■ **ケースで見るアパート・マンション経営と節税** …………………

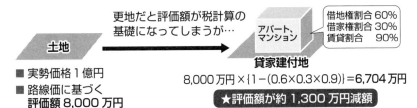

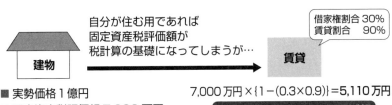

け、土地の評価額が下がることになります。つまり、約16%減額されるということです。前述の例を使って計算した場合、元の評価額である8,000万円が6,704万円に下がります。評価額が約1,300万円下がったことになります。

　次に、建物の場合は、相続税や贈与税の評価額は、固定資産税評価額と同じになります。固定資産税評価額も、実勢価格や公示価格より低く設定されています。今、仮にマンションの建物を1億円で建てたとしましょう。固定資産税評価額が、その70%、つまり7,000万円になったとします。

　この建物（マンション）が自分が住むための住居であれば、相続税の計算上、建物の評価額は7,000万円です。しかし、実際には賃貸マンションであり、人に貸しているので、評価額は下がります。貸家の評価額は、次の計算式で計算されます。

　「貸家の価額」＝「自分でその建物を使用した場合の価額」×
　（1－「借家権割合」×「賃貸割合」）

　今、この建物の借家権割合が30%とします。賃貸割合は90%とします。その場合に、0.3×0.9＝0.27の割合だけ、建物の評価額が下がることになります。つまり27%減額されるということです。もとの評価額である7,000万円が、5,110万円に下がります。評価額は約1,900万円下がったことになります。

　しかし、もともとはこの建物は1億円の現金で建てたものです。財産が1億円の金銭であれば、相続税はその1億円に対してそのままかかるわけですが、マンションにしてしまえば約5,100万円分の価値しかないとみなされるのです。本来であれば相続税がかかってくる分の財産が、4,900万円分減ったことになります。

　整理すると、例では、実勢価格が1億円の土地に、建築価格1億円のマンションを建てています。本当の財産価値としては合計2億円です。更地と現金のままだと、相続税の評価額は合計で1億8,000万円

です。それが賃貸マンションを建てると、相続税の評価額が合計で約1億1,800万円にまで下がります。

このような実態があるので、相続税対策としてマンションを建てるということが実際に起こるのです。

なお、マンション建設の費用を銀行などからの借入れに頼り、見込まれる将来の家賃収入で返済していくという方法があります。その際、「借金すれば相続税が減る」という話がありますが、これは正確ではありません。1億円の借金をしても、その1億円で財産を取得（ここではマンションの建設）しています。その財産に相続税がかかってくるのですから、差引きはゼロです。借金そのものは相続税対策になりません。ただし、取得した資産が1億円ではなくて、約5,100万円の評価額に下がるため、その分が節税になります。

■■ 売却による相続対策

土地を持っている人がその土地にマンションなどを建てるのが相続税対策になることはわかりました。しかし、考えることはそれだけでよいのでしょうか。もちろん、マンション経営の収益性は大事です。せっかくマンションを建てたのに、入居者が少なくて、経済的に成り立たない、といった事態では困ります。

しかし、それだけでは対策として十分とはいえません。実際に相続税を払わなければならなくなったときのことを考えてみましょう。

まず、マンションを建設するときに建設代金がかかっているわけですから、手持ちのお金が少なくなります。貯蓄と借入れで、借入のほうが多くなっているケースも多いでしょう。

その状況で、多額の相続税の支払いを求められたときに、支払えなくなっている可能性があります。マンションの土地は、抵当権がついていると、物納が認められない可能性が高くなります。このように、納税資金の確保という問題が発生してくるのです。

また、子どもが２人以上いる状況を考えてみましょう。現金であれば、遺産相続の際に等分できます。更地だった場合には等分は容易でしょう。しかし、土地にマンションを建てていると、子どもたちの間で遺産を等分するのが困難になります。兄弟姉妹間での醜い争いが起こることもあり得ます。このように、「遺産分割の困難さ」という問題も発生してきます。

　以上のような理由により、不動産を所有していると、かえって遺産相続の際に問題が発生することがあります。そうした事態を避けるためにも、不動産を売却して、手もとに現金を残しておく、というのも１つの方法なのです。これも立派な相続対策です。

　この他に考えられる相続対策として、マイナス財産を増やす、養子縁組により法定相続人を増やす、というような方法もあります。ただしマイナス財産を増やす方法については、相続人の負担とならないよう返済可能な額で、前述の建物のような相続財産を購入しないことがポイントです。養子縁組による方法は、相続人がいない場合や、子どもが１人である場合に効果があるといえます。ケースにあった対策を検討してみるとよいでしょう。

■■■ 定期借地権の効果的な活用

　定期借地権を相続税対策として活用するという考え方があります。

　定期借地権とは、借地借家法に基づき、たとえば50年後に必ず土地が返ってくるように土地を貸すことができる賃貸方法です。

　定期借地権で土地を貸すと、相続税や贈与税の評価額が下がります。一般的には、賃貸の残存期間に応じて評価額が定まってきます。

　評価額が下がるので、定期借地権での賃貸は相続税対策になります。

　また、定期借地権の場合、50年間などの賃貸期間分の地代を、前払いの一時金として受け取ることができます。この方法を用いると、手もとに現金があるわけですから、納税資金の確保の問題が解決されま

す。子どもたちの間での遺産分割の問題についても、手持ちの現金も
あれば、将来更地に戻るわけでもあり、兄弟姉妹間での争いを避けや
すくなります。

■■ 小規模宅地等の特例の利用

163ページ以降で説明したように、小規模宅地等の特例の利用は、
一定の事業用または居住用の土地の評価額を50%または80%減額する
ことができますので、強力な相続税対策となります。

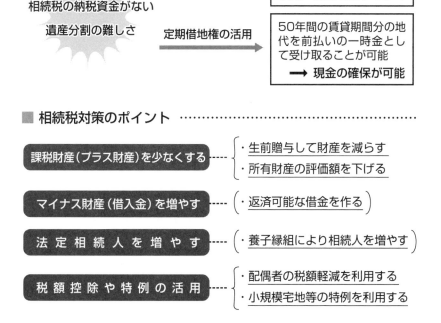

■ 売却や定期借地権の活用による相続対策 ‥‥‥‥‥‥‥‥‥

相続税の納税資金がない
遺産分割の難しさ

売 却 → 売却することによって
手元に現金を残しておく

定期借地権の活用 → 50年間の賃貸期間分の地
代を前払いの一時金とし
て受け取ることが可能
→ 現金の確保が可能

■ 相続税対策のポイント ‥‥‥‥‥‥‥‥‥‥‥‥‥‥‥‥‥

課税財産（プラス財産）を少なくする ‥‥
・生前贈与して財産を減らす
・所有財産の評価額を下げる

マイナス財産（借入金）を増やす ‥‥
・返済可能な借金を作る

法 定 相 続 人 を 増 や す ‥‥
・養子縁組により相続人を増やす

税 額 控 除 や 特 例 の 活 用 ‥‥
・配偶者の税額軽減を利用する
・小規模宅地等の特例を利用する

20 生前贈与と相続税対策について知っておこう

贈与税の基礎控除も相続税対策として活用できる

■■ 基礎控除は相続税対策として活用できる

　相続税は、死亡した人の財産にかかります。相続税額を減らそうとして、生前に財産を贈与すれば、今度は贈与税がかかります。このジレンマに対して、贈与税の基礎控除を活用する方法があります。

　贈与税の基礎控除は、受贈者1人につき年間110万円が認められます。1年間に受け取った財産の合計額が110万円までであれば、贈与税はかからないわけです。贈与税の申告すら必要ありません。たとえば、毎年110万円を贈与していけば、10年間で1,100万円の控除になります。

　さらに、子どもが2人いたらどうでしょう。親から、毎年2人の子どもにそれぞれ110万円ずつ財産を贈与するとします。2人の子どもはそれぞれが、10年間で1,100万円の控除を受けます。2人分で合計2,200万円の財産の贈与が非課税となったわけです。

　相続税の税率は、課税遺産額が1,000万円以下のときで10%です。課税遺産額が1,000万円超3,000万円以下の部分は15%、3,000万円超5,000万円以下の部分は20%になります。相続税の基礎控除額以上の財産を有している人たちにとっては、生前贈与で2,200万円を子どもたちやその他の人たちに贈与しておけば、すべて税率10%であったと仮定すると、この2,200万円を贈与せず相続した場合の相続税額は220万円で、相続税額を子ども1人あたり110万円減らすことができます。

　実際には、負担せずに済んだ相続税額は最低でも115万円になります。つまり、子ども2人を合わせて、最低でも230万円の相続税を減額できたことになります。

ただし、令和6年1月以降の贈与の場合は、今後贈与をし続けても7年以内にその贈与人が亡くなった場合には、相続財産にその贈与額が遡って加算されて相続税の計算が行われるため、贈与税の節税対策が事実上無意味になってしまうことに留意が必要です。

■■ 配偶者への贈与と税金対策

　夫婦は人生が一体となるものです。たとえば、夫のみが働いて生活費を稼いで、土地・家屋などの不動産も夫の名義になっていたとしても、現に住んでいる土地・家屋は、実態として夫婦の共通の所有物であってもよいはずです。このような考え方から、税務上、夫婦間で現に住んでいる土地・家屋を一方から他方へ贈与したときに、2,000万円まで贈与税がかからないという特例があります。この特例が、前述した夫婦間の居住用不動産の贈与における配偶者控除です（184ページ）。

　贈与税の基礎控除と併用することで、その年の贈与税は2,110万円まで控除されることになります。

　配偶者控除が認められるためには、贈与を受けた人は、贈与を受けた年の翌年3月15日までに、①贈与により取得した日本国内の居住用不動産か、②贈与を受けた金銭で取得した日本国内の居住用不動産に、現実に住んでいなければなりません。また、その後も引き続き住む見込みでなければなりません。

　受け取る財産について、家屋とその土地の両方でなくとも、そのうちのいずれか一方のみの贈与の場合でも配偶者控除は認められます。ただし、土地のみの贈与について配偶者控除が認められるためには、①夫または妻がその家屋を所有しているか、あるいは②贈与を受けた配偶者と同居する親族がその家屋を所有している、のいずれかの条件に該当していなければなりません。

　また、その家屋の建っている土地の一部の贈与の場合でも、配偶者控除は認められます。さらに、土地の所有権ではなく、借地権を有し

ていたというようなケースで、配偶者から金銭の贈与を受けて、地主からその土地を購入して取得したような場合も、居住用不動産を取得したものとして扱われるため、配偶者控除の適用が認められます。

この配偶者控除を実際に受けるためには、贈与税の確定申告を行わなければなりません。

なお、配偶者がこの制度で不動産の贈与を受けた場合であっても、相続で不動産を取得していれば負担しない不動産取得税が発生します。さらに、不動産登記に発生する登録免許税の税率も、相続の場合のほうが低いため、不動産の移転に関する税金費用については相続よりも贈与の場合のほうが高くなることに留意が必要です。

■■ 期間限定の金銭贈与の特例

期間限定で教育資金、結婚・子育て資金、住宅取得等資金といった一定額の金銭の贈与が非課税となる特例があります。相続前に計画的に活用することで、相続財産を減らして相続税対策が行えます。

■ 相続税対策となる主な生前贈与 ……………………………………

	主な生前贈与	非課税枠
基本的な制度	基礎控除枠の利用	110万円
	居住用不動産の贈与等に関する配偶者控除（※）	2,000万円
期間限定の制度	教育資金の贈与 （平成25年4月から令和8年3月まで）	最高1,500万円
	結婚・子育て資金の贈与 （平成25年4月から令和7年3月まで）	結婚300万円、子育て1,000万円
	住宅取得等資金の贈与 （平成27年1月から令和8年12月まで）	300万円〜3,000万円

※ 不動産の贈与では、相続の場合よりも不動産取得税及び登録免許税が高くつくことに留意

21 相続税と贈与税の改正について知っておこう

相続時精算課税制度に基礎控除が創設されるなど重要な改正が行われた

■■ なぜ改正する必要があるのか

政府与党が令和4年12月に公表した令和5年度税制改正大綱では、「高齢化等に伴い、高齢世代に資産が偏在すると共に、いわゆる『老老相続』が増加するなど、若年世代への資産移転が進みにくい状況にある」とされています。相続税精算課税制度（235ページ）は、親から子や孫への資産の移転を円滑に行うために平成15年（2003年）に創設されて約20年が経過しますが、上記の状況はこの制度が必ずしも深く浸透されていないことを示しているともいえます。

また、同改正大綱では、相続税と贈与税の中立的な税制の目的達成に向けての課題が示されています。たとえば、一部の資産家などでの相続税や贈与税を過度に意識された節税対策等によって、その目的が達成されていないということも考えられます。

そこで、所得・資産の再分配の機能の確保を図りつつ、資産の早期の世代間移転を促進し、経済の活性化をより期待するために令和5年度や令和6年度の税制改正の中で相続税及び贈与税に関する改正が行われました。

■■ どんな改正が行われたのか

① 暦年課税による生前贈与の加算対象期間等の見直し

令和6年1月1日以降の贈与について、相続税の計算で必要な相続財産に加算される期間は相続開始前7年以内（従来は3年以内）になりました。

② 相続時精算課税制度についての基礎控除の創設

令和6年1月1日以降に相続時精算課税（235ページ）を適用した場合には、基礎控除110万円が新たに設けられました。

③　相続税精算課税制度に関する不動産価格の特例の創設

相続時精算課税制度の適用者が、贈与により取得した不動産（土地または建物）について、将来相続が発生した後の相続税申告書の提出期限までに、令和6年1月1日以降に震災や火災などの災害によって一定の被害を受けた場合には、その不動産の課税価格は、贈与時の価格から、災害による被災額を控除することができるようになりました。

④　教育資金、結婚・子育て資金、住宅取得等資金の贈与に関する贈与税の非課税措置の延長

教育資金贈与の非課税制度（241ページ）は、従来は令和5年3月31日までの贈与に適用することになっていましたが、令和8年3月31日まで3年間延長されました。結婚・子育て資金贈与の非課税制度（241ページ）は、従来は令和5年3月31日までの贈与に適用することになっていましたが、令和7年3月31日まで2年間延長されました。

また、住宅取得等資金贈与の非課税制度（242ページ）は、従来は令和5年12月31日までの贈与に適用することになっていましたが、令和6年度税制改正により、令和8年12月31日まで3年間延長されました。

⑤　非上場株式等の納税猶予（特例措置）の承継計画の提出期限の延長

非上場株式等の相続税・贈与税の納税猶予の特例措置を適用する場合には、一定の承継計画を令和6年3月31日まで税務署に提出する必要がありましたが、令和6年度税制改正により、令和8年3月31日まで2年間延長されました。

以下では、①、②及び③についてもう少し詳しくみていきましょう。

■■ 暦年課税による生前贈与の加算対象期間等の見直し

従来は、相続開始前3年以内に受けた暦年課税による贈与は相続財産に加算することになっていましたが、令和6年1月1日以降の贈与

からは7年以内となり4年間増加しました。

　たとえば、令和6年12月に父が子に対して暦年課税による贈与を行った場合、仮に加算対象期間が従来どおりの3年以内であれば、令和10年1月を迎えればその後に相続が発生したとしてもこの贈与財産に対する相続税計算は発生しませんが、今回の改正により令和14年1月まで迎えないと相続税計算に加わってしまうということになります。

　この改正は、これまで節税のために基礎控除額以内あるいは低い贈与税率の段階で毎年少しずつ贈与していた場合には、その節税の効果が従来の3年ではなく7年を経過しないと表れないということになります。したがって、資産を多く有する者からみれば今後次世代などへの資産の移転の方法も変わっていくのかもしれません。

■ 生前贈与の加算対象期間の改正 ・・・・・・・・・・・・・・・・・・・・・・・・・・・・・

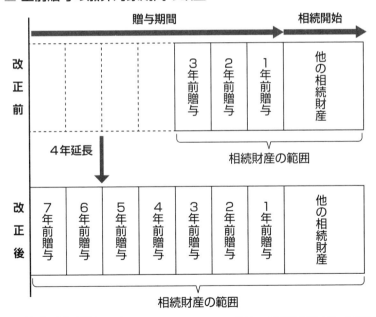

※4年前〜7年前贈与の4年間延長部分は、贈与額から総額100万円を控除することができる。

なお、加算対象期間が延長された4年間に行われた贈与に関しては、改正により贈与額から総額100万円までを控除した額を相続財産とすることができます。

　また、激変緩和措置として令和6年～令和8年に相続が発生した場合であっても従来どおり加算対象期間は3年以内のままで、その後令和9年の相続からに段階的に1年ずつ加算対象期間が引き上げられて、令和12年の相続から7年以内となります。

■■ 相続時精算課税制度についての基礎控除の創設

　暦年課税制度では、従来より基礎控除110万円が認められていますが、相続税精算課税制度はこのような基礎控除はありませんでした。しかし、令和6年1月1日以降に相続時精算課税制度を適用する場合においても基礎控除110万円が認められるようになりました。

　暦年課税制度と相続税精算課税制度は選択適用ですが、相続時精算課税制度の基礎控除は暦年課税の基礎控除と同様に毎年110万円を控除することができます。また、相続時精算課税制度を適用する場合には贈与税を申告する必要がありますが、基礎控除110万円以内の贈与であれば贈与税の申告は不要です。

　さらに、その後相続が発生した場合には、基礎控除以内の贈与については相続財産にも加算されません。一方、暦年課税の場合では、前述のとおり令和6年1月1日以降の贈与からは7年以内に受けた贈与は基礎控除額以内であっても相続財産に加算されることなります。

■■ 相続税精算課税制度に関する不動産価格の特例の創設

　相続時精算課税制度の適用対象となる贈与者（特定贈与者）が死亡して相続が発生する際に、相続税の計算上、原則としてこの制度を適用して譲り受けた資産の贈与時の時価を相続財産に加算して相続税額を計算することになっています。

しかし、昨今の頻発する自然災害等により不動産の価値が減失して、その場合でも贈与時の時価に基づいて相続税の計算を行うことになると、財産取得者が不当に高額な相続税の負担を強いることになりかねません。そこで、一定の被害の際には贈与時の時価ではなくその災害による被災価額を控除した残額とすることになりました。

　なお、一定の被害とは、贈与時の時価等に対する被害額（対応する保険金の補填額控除後）の割合が10％以上となる被害をいいます。

■ 相続時精算課税制度の基礎控除 ·····························

3,000万円を贈与した場合

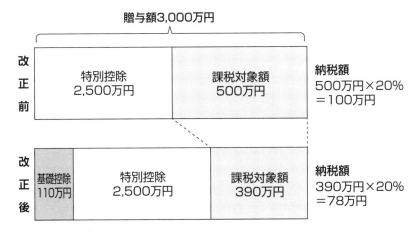

Column

相続登記申請時の提出書類

　不動産の所有者が死亡した場合、その不動産の持ち主が不在となるため、相続登記という相続人に対する名義変更の手続きが必要です。相続登記を申請するには、①登記申請書、②登記原因証明情報、③住所証明書、④代理権限証書、⑤固定資産評価証明書、が必要になります。登記申請時には登録免許税を納めなければなりません。

　上記の中でも、遺言との関係では、登記原因証明情報がとくに重要です。相続を登記原因とする所有権移転登記を申請するには、登記原因証明情報として、被相続人の出生から死亡までの連続した戸籍（除籍、改製原戸籍）謄本と、相続人の戸籍謄本の他、遺産分割協議書や遺言書などが必要です。

　遺産分割協議書には、原則として相続人全員の印鑑証明書を添付します。自筆証書遺言を添付する場合は、家庭裁判所が発行する検認済証明書も併せて提出することが必要です。被相続人から特別受益にあたる贈与や遺贈を受けた相続人（特別受益者）がいる場合、特別受益者が相続分のないことの証明書（相続分皆無証明書）を登記原因証明情報の一部として提供します。また、相続人の中に相続を放棄した者がいる場合、相続人の全員が誰であるかを証明する書類の一部として、家庭裁判所から交付された「相続放棄申述受理証明書」を提供します。

　なお、戸籍謄本や除籍謄本などの原本還付を請求する場合、相続関係説明図を作成して、これを登記申請書に添付すれば、コピーを添付する必要はなく、登記完了後に原本が返却されます。

　相続関係説明図には、被相続人の最後の本籍、最後の住所、登記簿上の住所の他、被相続人と相続人の関係、被相続人の死亡年月日、相続人それぞれの関係性（妻、長男など）、相続の内容（法定相続か遺産分割かなど）などを盛り込みます。

第6章

アパマン経営のための
消費税・法人税の知識

消費税の基本的なしくみについて知っておこう

消費税の計算方法を把握しておく

どんな税金なのか

　消費税とは、「消費をする」という行為に税を負担する能力を認め、課される税金です。「消費をする」とは、物を購入する、賃貸する、情報などのサービスを受ける、というような行為のことをいいます。

　税を負担するのは法人・個人にかかわらず消費行為をした「消費者」です。税金は、消費者から商品やサービスの代金といっしょに徴収されます。消費者から代金といっしょに徴収された消費税は、実は税金を徴収した店や会社が納付することになっています。このような税の負担者が直接納付せず、負担者以外の者が納付するしくみの税金を、間接税といいます。

　平成元年（1989年）に３％の税率で導入された消費税は、平成９年（1997年）４月１日から５％に税率が引き上げられました。その内訳は、国税４％、地方税１％という構成です。この税率が平成24年（2012年）８月に成立した「社会保障の安定財源の確保等を図る税制の抜本的な改革を行うための消費税法の一部を改正する等の法律」の成立により、平成26年（2014年）４月１日からは国税6.3％及び地方税1.7％で合計８％に、そして令和元年（2019年）10月１日からは国税7.8％及び地方税2.2％で合計10％に、税率が引き上げられました。また、一定の飲食料品や新聞については軽減税率（税率８％）も導入されました。

非課税取引とは

　消費税の課税対象となる取引のうち、その性格上課税することが適

当でない、あるいは医療や福祉、教育など社会政策的な観点から課税すべきではないという理由により消費税が課されない取引があります。

　本来は課税取引に分類される取引ですが、特別に限定列挙して課税しないという取引です。これを非課税取引といいます。たとえば、不動産業に関係する取引では、土地の譲渡及び貸付が消費税の性格上課税することが適当でないものとして、住宅の貸付が社会政策的な配慮として非課税取引とされています。なお、一括借り上げで不動産管理会社などに住宅を賃貸する場合には注意が必要です。消費税が非課税となるためには、契約において居住のために使用することが明らかであるという要件を満たさなければなりません。したがって、一括借り上げの賃貸借契約書には、居住用の貸付として転貸する旨を明記しておくようにしましょう。また、居住用であっても貸付期間が1か月未満の場合やウィークリーマンション、民泊での貸付などは課税取引となりますので、合わせて注意が必要です。

■ **消費税のしくみ** ……………………………………………………

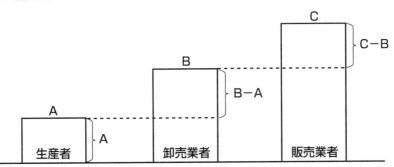

生産者が納付する消費税　A
卸売業者が納付する消費税　B－A
販売業者が納付する消費税　C－B
納付される消費税の合計　＝A＋(B－A)＋(C－B)
　　　　　　　　　　　　　＝C
　　　　　　　　　　　　　＝最終消費者が負担する消費税

■■ 不動産賃貸ではどのような取引に消費税がかかるのか

　不動産賃貸業に関係する収入では、建物の譲渡、事務所や店舗などの事業用物件の貸付や駐車場の貸付などが、消費税が課税される取引として考えられます。

　一方、経費や支出では、修繕費、管理費、広告宣伝費、消耗品費、水道光熱費、通信費、交際費、建物の建築費用などが課税される取引として挙げられます。ただし、これらの中にも場合によっては消費税が課税されないものが含まれている可能性があります。たとえば、交際費として処理されている支出の中でも祝金や香典などです。この他、消費税が課税されない費用や支出の例としては、租税公課、公共サービスの手数料、減価償却費、保険料、借入利子、給与などが挙げられます。

■ 非課税取引 ……………………………………………………………………

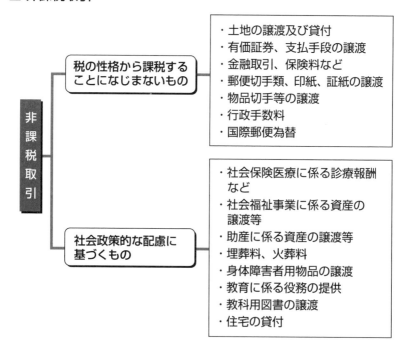

■■ 原則課税方式と簡易課税方式

　消費税の計算方法には、「原則課税方式」と、概算で簡略に計算する「簡易課税方式」の２つの方法があります。

　「原則課税方式」では、事業者が納付する消費税額は、課税期間中に預かった消費税から支払った消費税を差し引いて計算します。具体的には、売上に含まれる消費税と仕入や経費に含まれる消費税をそれぞれ算出しますが、このとき非課税取引を行うために使った仕入や経費に含まれる消費税は除外して計算します。

　「簡易課税方式」も基本的に同様ですが、課税売上高に対する消費税額にみなし仕入率という原価率を乗じた金額を、仕入や経費に含まれる消費税額とみなします。みなし仕入率は業種ごとに定められており、不動産業のみなし仕入率は売上の40％です。

　原則課税方式の場合、仕入や経費についても課税取引か否かの判定が必要ですが、簡易課税方式では売上にのみ注目すればよいので、計算の手間がかなり簡略化できます。ただし、たとえば増改築や大規模修繕など多額の設備投資を行ったなどの理由により、負担した消費税が預かった消費税を上回る場合、原則課税方式を採らなければ消費税は還付されません。

　簡易課税制度は、「基準期間における課税売上高」が5,000万円以下である事業者が選択することで適用されます。個人経営のような形でアパート経営を行う場合には、簡易課税方式で計算したほうが事務負担を減らすことができます。また、簡易課税制度は一度選択すると２年間継続して適用されます。

■ 簡易課税制度が適用される条件 ·····································

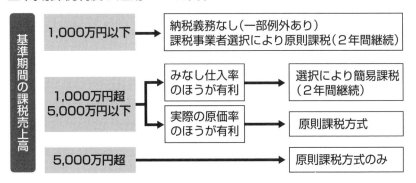

■ 原則課税と簡易課税の計算方法 ·····································

●原則課税方式

事業者の支払う 消費税の納付税額	=	売上に含まれる 消費税額	−	仕入に含まれる 消費税額

●簡易課税方式

事業者の支払う 消費税の納付税額	=	売上に含まれる 消費税額	−	仕入控除税額

※仕入控除税額は、課税売上高に対する消費税額にみなし仕入率を乗じて計算する。

※簡易課税方式は基準期間における課税売上高が5,000万円以下の事業者が対象業種ごとの
「みなし仕入率」の割合は以下のとおり

第1種事業(卸売業):90%　第2種事業(小売業):80%　第3種事業(製造業等):70%
第4種事業(その他の事業):60%　第5種事業(サービス業等):50%
第6種事業(不動産業):40%

※第3種事業の農業、林業、漁業のうち消費税軽減税率の適用される飲食品譲渡を行う事業を
第2種事業とし、みなし仕入率は70%となる。

2 消費税の還付について知っておこう

居住用賃貸アパート・マンションの消費税の還付は通常困難となる

■■ 消費税の還付

　アパート・マンション経営を行う者には消費税の申告も関係してきます。事業者の前々年の課税売上高が1,000万円を超えると、あるいは前年期首から６か月（個人の場合は１月１日から６月30日）の課税売上高が1,000万円を超えると、一部の例外を除き、消費税の申告義務があります。ただし、家賃収入は消費税が非課税のため、申告義務が生じないケースのほうが多いようです。

　申告義務がない場合でも、建物の購入など多額の支出があった年には申告することにより消費税が還付される場合があります。しかし、申告書を提出するだけでは、還付を受けることはできません。申告義務がない「免税事業者」の場合、事前に「消費税課税事業者届出書」を税務署に提出し、消費税の課税事業者になっておく必要があります。提出期限は、その還付を受けたい年度の前年度中です。

　また、増改築や修繕が多かったとしても、すべての課税事業者が還付を受けられるわけではありません。消費税の計算方法には前述のとおり原則課税方式と簡易課税方式という２つの方法があります。

　簡易課税方式は、課税売上高に対する消費税額の一定割合を仕入や経費に含まれる消費税額とみなすという簡便な計算方法です。課税売上高に対する消費税額を基本にしてみなし仕入率を掛ける計算方法であるため、臨時的な支出は反映されず、また、申告すべき消費税がマイナスになることは通常ありません。したがって、この方式を選択している場合は改築や大規模修繕などの臨時的な支出による還付を受けることはできません。簡易課税方式は、いったん選択すると２年間は

継続適用となるため、翌年以降に消費税がどれだけ発生するのかのシミュレーションを行ってから選択する必要があります。

■■ 建物取得にかかった消費税の還付

　消費税が還付される例として、賃貸アパートを建築した初年度のケースを考えてみましょう。甲氏は賃貸用アパートを建築し、7月から1階を店舗、2階および3階を住居として計3室貸し出すことにしました。事業を開始した初年度であるため免税事業者でしたが、税務署に適切に届出を行って課税事業者を選択しています。今年度の収入、支出は以下のとおりです。なお、説明を簡略化するため、ここでは地方消費税を含めて10％の税率で表示しています。

・収入
　店舗 月額20万円×6月＝120万円（別途消費税12万円）
　家賃 月額15万円×6月×2室＝180万円（非課税）
・支出
　建築費
　店舗部分 2,000万円（別途消費税200万円）
　住居部分 4,000万円（別途消費税400万円）

　まず消費税の計算方法を簡単に説明します。消費税は顧客などから預かった税金から事業者が負担した税金を差し引いた残額を納めるしくみになっています。ただし負担した税金（仕入税額）のうち、非課税売上に対応する部分は差し引くことができませんので、課税売上に対応する仕入税額（仕入控除税額）を一定の計算方法で算出します。
　この控除仕入税額を算出する方法には、仕入税額を売上目的別にあらかじめ分類しておく「個別対応方式」と、仕入税額全体を「課税売上割合」（課税売上と非課税売上の合計のうち課税売上の占める割合）

で按分する「一括比例配分方式」との2種類があります。

　まず、個別対応方式の場合で計算してみましょう。前ページの具体例では建築費が店舗にかかった部分と住居にかかった部分に分類されています。住居の家賃は非課税売上であるため、店舗にかかった部分のみが課税売上にかかった建築費ということになります。したがって、控除できる消費税額は200万円であるため、甲氏が納めるべき税金は12万 − 200万 = △188万となります。

　このように負担した税金が預かった税金より多く、マイナスになる場合は、国から税金の還付を受けます。そのため、個別対応方式で計算した場合、消費税は188万円の還付という結果になります。次に、一括比例配分方式の場合、仕入税額全体に課税売上割合120万 ÷（120万 + 180万）= 40％を掛けて計算します（課税売上割合は税抜で計算します）。消費税額は12万 −（200万 + 400万）× 40％ = △228万となり、228万円が還付されます。

　具体例は簡略化しており、実際の消費税はもう少し複雑な計算となりますが、このように個別対応方式と一括比例配分方式とでは還付税額も異なった結果になります。一般的には、非課税の収入に対応する経費が多い場合、一括比例配分方式を選択するほうが有利になることが多くなります。一括比例配分方式の選択には、特に届出などは必要ありませんが、いったん選択すると2年間継続適用となります。

■■ 課税売上の割合が95％以上の場合

　課税売上の割合が95％以上であれば、一定の場合を除き、経費にかかった消費税はすべて控除されます。アパートを建築した初年度の例を見ると、以下のようになります。

・収入
　店舗 月額20万円 × 6月 = 120万円（別途消費税12万円）

家賃 月額 6 万円 × 1 月 = 6 万円
・**支出**
建築費
店舗部分 2,000万円（別途消費税200万円）
居住用部分 4,000万円（別途消費税400万円）

　課税売上割合は、120万 ÷（120万 + 6 万）＝95.23…％≧95％となるため、建築費にかかった消費税は課税売上高が 5 億円を超える課税事業者を除き基本的には全部控除可能と思われるかもしれません。しかし、現在においては居住用部分についての消費税は全額控除をすることができません。したがって消費税の計算は、12万 － 200万 ＝ △188万となり、188万円が還付されることになります。

　このように、居住用の賃貸アパートやマンションの建設費にかかった消費税が全額控除できないのは、たとえば建築初年度に意図的に課税売上割合が95％以上あるいは100％となるような僅かな課税売上取引を作り出して、建築費に対する消費税を不当に還付されるようなことを防止するためです。令和 2 年度税制改正により、令和 2 年10月以降に建築された居住用の賃貸アパートやマンションについて、このような還付ができなくなりました。

第3-(1)号様式

基準期間用

消費税課税事業者届出書

収受印

令和 6 年 4 月 10日	届出者	（フリガナ）	トウキョウトシナガワク○○
		納税地	（〒141-0000） 東京都品川区△△○-○-○ （電話番号　03-××××-××××）
		（フリガナ）	トウキョウトシナガワク○○
		住所又は居所 （法人の場合） 本店又は 主たる事務所 の所在地	（〒141-0000） 東京都品川区△△○-○-○ （電話番号　03-××××-××××）
		（フリガナ）	イヌヤマビルカブシキガイシャ
		名称（屋号）	イヌヤマビル株式会社
		個人番号 又は 法人番号	↓個人番号の記載に当たっては、左端を空欄とし、ここから記載してください。 ○○○○○○○○○○○○
		（フリガナ）	イヌヤマ　　ハナコ
		氏名 （法人の場合） 代表者氏名	犬山　華子　（法人代表印）
		（フリガナ）	トウキョウトシブヤク○○
		（法人の場合） 代表者住所	東京都渋谷区△△○-○-○ （電話番号　03-××××-××××）

品川 税務署長殿

　下記のとおり、基準期間における課税売上高が1,000万円を超えることとなったので、消費税法第57条第1項第1号の規定により届出します。

適用開始課税期間	自 ~~平成~~ ⓛ令和 6 年 4 月 1 日　　至 ~~平成~~ ⓛ令和 7 年 3 月 31 日	
上記期間の 基準期間	自 ~~平成~~ ⓛ令和 4 年 4 月 1 日	左記期間の 総売上高　22,415,615 円
	至 ~~平成~~ ⓛ令和 5 年 3 月 31 日	左記期間の 課税売上高　12,798,224 円
事業内容等	生年月日（個人）又は設立年月日（法人） 1明治・2大正・3昭和・④平成・5令和 30 年 7 月 18 日	法人のみ記載　事業年度　自4月1日 至3月31日 　　　　　　資本金　3,000,000 円
	事業内容　　不動産賃貸業	届出区分　相続・合併・分割等・㋒その他
参考事項		税理士署名　（電話番号　　-　　-　　）

※税務署処理欄	整理番号		部門番号			
	届出年月日	年　月　日	入力処理	年　月　日	台帳整理	年　月　日
	番号確認	身元確認　□済 □未済	確認書類	個人番号カード/通知カード・運転免許証 その他（　　　　）		

注意　1．裏面の記載要領等に留意の上、記載してください。
　　　2．税務署処理欄は、記載しないでください。

適格請求書発行事業者でないとインボイスが発行できない

■■ インボイス制度とは？

　インボイス（Invoice）は、一般的には請求書と訳されますが、令和5年10月1日からスタートした「インボイス」と、これまで使用されてきた従来の「請求書」とはその位置付けが大きく異なります。従来の請求書は、商品代金を請求する売り手の誰もが発行できて、また法人や個人事業者などの買い手は、その入手した請求書に記載された消費税を、売上に対して預かった消費税から控除（仕入税額控除）して、消費税の申告・納付をすることができました。

　しかし、令和5年10月1日以降では所定の記載がされた「インボイス」を入手しないと原則として仕入税額控除ができません。また、この「インボイス」は課税事業者でありかつ「適格請求書発行事業者」にならないと発行することができません。つまり、消費税の申告・納税を行っている者は、適格請求書発行事業者からインボイスを受け取らないと、状況によってはこれまでより消費税の納税が多く発生する可能性が出てくることになります。

■■ インボイス（適格請求書等）の記載事項

　インボイス制度では、売り手（課税事業者でかつ適格請求書発行事業者）は買い手からの求めに応じて次のような記載事項を完備したインボイス（適格請求書等）を買い手に交付し、また交付した適格請求書の写しを保存する義務が課されます。

① 　適格請求書発行事業者（売り手）の氏名または名称及び登録番号
② 　取引年月日

③　取引内容（軽減税率の対象品目である場合はその旨）
④　税率ごとに合計した対価の額（税抜または税込）及び適用税率
⑤　税率ごとに区分して合計した消費税額等
⑥　書類の交付を受ける事業者（買い手）の氏名または名称
　なお、不特定多数の者に対して販売等を行う小売業等については、買い手の氏名等の記載を省略できます。

■■ 軽減税率の対象品目である旨の記載の仕方

　軽減税率の対象となる商品がある場合には、軽減対象資産の譲渡等であることが客観的に明らかだといえる程度の表示が必要であり、たとえば次のいずれかのように記載します。なお、会計帳簿へも軽減税率の対象となる商品かどうかがわかるような記帳を行う必要があります。

・個々の取引ごとに8％や10％の税率を記載する
・8％の商品に「※」や「☆」といった記号や番号等を表示し、かつ、「※（☆）は軽減対象」などと表示することで、軽減対象資産の譲渡等である旨」を明らかにする
・8％の商品と10％の商品とを区別し、8％として区別されたものについて、その全体が軽減税率の対象であることを記載する
・8％の商品と10％の商品で請求書を分けて作成し、8％の請求書には軽減税率の対象であることを記載する

■ 会計帳簿の記載例 ···

総勘定元帳（仕入）				
月　日	相手科目	摘　　要		借　　方
10/31	現金	○○食品㈱　※米・牛肉　10月分		19,440
10/31	現金	○○食品㈱　　　ビール　10月分		6,600
				※軽減税率対象

■■ インボイス制度導入後の免税事業者からの課税仕入の取扱い

　適格請求書等を発行するには、事前に税務署へ一定の申請を行って適格請求書発行事業者として登録を受けておく必要があります。この登録は課税事業者でないと行えないルールとなっていますので、免税事業者は課税事業者に変更しない限り適格請求書等の発行ができません。

　また、課税仕入に対する仕入税額控除の適用を受けるには、適格請求書発行事業者が発行する適格請求書等を受領する必要があるため、免税事業者が発行する請求書等では、令和5年10月1日以降は原則として仕入税額控除を受けることができません。ただし、所定の事項が記載された請求書等を保存し、帳簿に下記の50%または80%に関する経過措置の規定の適用を受ける旨が記載されている場合には、次の一定期間においては仕入税額相当額の一定割合を仕入税額として控除できる経過措置が設けられています。

・令和5年10月1日から令和8年9月30日までの期間は仕入税額相当額の80%
・令和8年10月1日から令和11年9月30日までの期間は仕入税額相当額の50%

　インボイス制度で認められるインボイスには次のものがあります。

・適格請求書または適格簡易請求書
・仕入明細書等（適格請求書の記載事項が記載されており、相手方の確認を受けたもの）
・卸売市場において委託を受けて卸売の業務として行われる生鮮食品等の譲渡及び農業協同組合等が委託を受けて行う農林水産物の譲渡について、委託者から交付を受ける一定の書類
・上記の書類に関する電磁的記録（電子ファイル等）

■■ 適格簡易請求書とは

　不特定多数の者に対して販売等を行う小売業、飲食店業、タクシー

業等については、通常の適格請求書等とは異なり、次のとおり記載事項を一部簡略化した「適格簡易請求書」を交付することができます。

① 適格請求書発行事業者（売り手）の氏名または名称及び登録番号
② 取引年月日
③ 取引内容（軽減税率の対象品目である場合はその旨）
④ 税率ごとに合計した対価の額（税抜または税込）
⑤ 税率ごとに区分して合計した消費税額等または適用税率

　適格請求書との違いは、買い手の氏名（名称）の記載が不要であること、また消費税額等または適用税率のいずれかを記載（適格請求書は両方とも記載）すればよいことになっています。

■■ 適格請求書の交付義務が免除される場合

　不特定多数の者などに対してその都度適格請求書を交付するのも実務上困難が生じる場合があり、以下の取引などは適格請求書の交付義務が免除されます。

① 公共交通機関による旅客の運送（3万円未満のもの）
② 出荷者等が卸売市場において行う生鮮食料品等の譲渡（出荷者から委託を受けた受託者が卸売の業務として行うもの）
③ 生産者が行う農業協同組合、漁業協同組合または森林組合等に委託して行う農林水産物の販売（無条件委託方式かつ共同計算方式により生産者を特定せずに行うもの）
④ 自動販売機及び自動サービス機により行われる課税資産の譲渡等（3万円未満のもの）
⑤ 郵便切手類を対価とする郵便・貨物サービス（郵便ポストに差し出されたもの）

■■ インボイス（適格請求書等）を発行するための手続き

　適格請求書等を発行できるようにするためには、「適格請求書発行

事業者の登録申請書」（238 〜 239ページ）を納税地を所轄する税務署長（郵送により登録申請書を提出する場合の送付先は、各国税局のインボイス登録センター）に提出し、適格請求書発行事業者となる必要があります。消費税の課税事業者であることのみをもって適格請求書等が発行できるのではなく、この登録申請書を提出し、登録番号の提供を受けることで初めて発行ができます。

　適格請求書発行事業者の情報は、「国税庁適格請求書発行事業者公表サイト」において、適格請求書発行事業者の氏名または名称、本店または主たる事務所の所在地（法人の場合）、登録番号、登録年月日、登録取消年月日・登録失効年月日が公表されます。個人事業者も任意で主たる屋号や主たる事務所の所在地等の公表が可能です。

　なお、免税事業者が登録を受けるためには、原則として、「消費税課税事業者選択届出書」を提出し、課税事業者となる必要があります。ただし、登録日が令和 5 年10月 1 日から令和11年 9 月30日までの日の属する課税期間中である場合は、消費税課税事業者選択届出書を提出しなくても適格請求書発行事業者の登録申請書のみを提出することで登録を受けることができる経過措置があります。

■■ 消費税負担・事務負担の軽減に関する経過措置

　令和 5 年度税制改正により、インボイス制度導入後、一定の事業者に対して次のような消費税負担・事務負担の軽減措置が適用されています。

・小規模事業者に対する税額控除の経過措置（2 割特例）

　免税事業者が適格請求書発行事業者に変更した場合には、消費税の納税額について、一定期間、売上に対して預かった消費税額の 2 割にすることができます。たとえば、免税事業者である 3 月決算会社の法人が令和 5 年10月 1 日からインボイスの登録を受けた場合は、令和 6 年 3 月期分（令和 5 年10月から令和 6 年 3 月分のみ）、令和 7 年 3 月

期分、令和 8 年 3 月期分及び令和 9 年 3 月期分の消費税申告までは、売上に対する消費税の 2 割のみを納税額とすることができます。その他、個人事業者が令和 5 年10月 1 日からインボイスの登録を受ける場合は、令和 5 年分（令和 5 年10月から12月分のみ）、令和 6 年分、令和 7 年分及び令和 8 年分の消費税申告までは、売上に対する消費税の 2 割のみを納税額とすることができます。

・一定規模以下の事業者に対する事務負担の軽減措置（少額特例）

　基準期間（前々年度）の課税売上高が 1 億円以下、または特定期間（前年度開始の日以後 6 か月間）の課税売上高が5,000万円以下の事業者が、令和 5 年10月 1 日から令和11年 9 月30日までに行われる税込 1 万円未満の課税仕入については、適格請求書等の入手・保存がなくても帳簿記帳のみで仕入税額控除を行うことができます。

■ 適格請求書の記載例 ……………………………………………………

```
株式会社○○御中

                        請求書
                            東京都 XX 区 XX1-23-4
                                    ○○株式会社
                      （登録番号 TXXXXXXXXXXXX）

                      令和 6 年 4 月分
```

月日	品名		金額
4 ／ 1	米	※	10,800 円
4 ／ 8	牛肉	※	8,640 円
4 ／20	ビール		6,600 円
合計			26,040 円

```
（ 8% 対象　18,000 円　消費税 1,440 円）
（10% 対象　 6,000 円　消費税　600 円）
※軽減税率対象
```

第1-(3)号様式

【国内事業者用】

適格請求書発行事業者の登録申請書

【1／2】

収受印			
令和 6 年 5 月 15 日	申請者	（フリガナ）	トウキョウトオオタク○○
		住所又は居所 （法人の場合） 本店又は 主たる事務所 の　所　在　地	（〒 144-××××） （法人の場合のみ公表されます） 東京都大田区××××○-○-○ （電話番号　03 -××××-××××）
		（フリガナ）	
		納　税　地	（〒　-　） 同上 （電話番号　-　-　）
		（フリガナ）	カブシキガイシャ　ニシホーム
		氏名又は名称	株式会社　西ホーム
		（フリガナ）	ニシグチ　ユキオ
		（法人の場合） 代表者氏名	西口　幸雄
大田 税務署長殿		法　人　番　号	○○○○○○○○○○○○○

この申請書に記載した次の事項（ ◎ 印欄）は、適格請求書発行事業者登録簿に登載されるとともに、国税庁ホームページで公表されます。
1　申請者の氏名又は名称
2　法人（人格のない社団等を除く。）にあっては、本店又は主たる事務所の所在地
なお、上記1及び2のほか、登録番号及び登録年月日が公表されます。
また、常用漢字等を使用して公表しますので、申請書に記載した文字と公表される文字とが異なる場合があります。

下記のとおり、適格請求書発行事業者としての登録を受けたいので、消費税法第57条の2第2項の規定により申請します。

事　業　者　区　分	この申請書を提出する時点において、該当する事業者の区分に応じ、□にレ印を付してください。 ※　次葉「登録要件の確認」欄を記載してください。また、免税事業者に該当する場合には、次葉「免税事業者の 　　確認」欄も記載してください（詳しくは記載要領等をご確認ください。）。
	□　課税事業者（新たに事業を開始した個人事業者又は新たに設立された法人等を除く。）
	□　免税事業者（新たに事業を開始した個人事業者又は新たに設立された法人等を除く。）
	☑　新たに事業を開始した個人事業者又は新たに設立された法人等
	☑　事業を開始した日の属する課税期間の初日から登録を受けようとする事業者　　　　課税期間の初日 　　※　課税期間の初日が令和5年9月30日以前の場合の登録 　　　　年月日は、令和5年10月1日となります。　　　　　令和 6 年 5 月 9 日
	□　上記以外の課税事業者
	□　上記以外の免税事業者

税　理　士　署　名		（電話番号　-　-　）

※ 税 務 署 処 理 欄	整理 番号		部門 番号		申請年月日	年　　月　　日	通　信　日　付　印 年　　月　　日	確 認	
	入力処理	年　月　日	番号 確認		身元 確認	□ 済 □ 未済	確認 書類	個人番号カード／通知カード・運転免許証 その他（　　　　　　　　）	
	登録番号	T							

注意　1　記載要領等に留意の上、記載してください。
　　　2　税務署処理欄は、記載しないでください。
　　　3　この申請書を提出するときは、「適格請求書発行事業者の登録申請書（次葉）」を併せて提出してください。

この申請書は、令和五年十月一日から令和十二年九月二十九日までの間に提出する場合に使用します。

238

【国内事業者用】

適格請求書発行事業者の登録申請書（次葉）

【2／2】

氏名又は名称	株式会社 西ホーム

該当する事業者の区分に応じ、□にレ印を付し記載してください。

免税事業者の確認	☑ 令和11年9月30日までの日の属する課税期間中に登録を受け、所得税法等の一部を改正する法律（平成28年法律第15号）附則第44条第4項の規定の適用を受けようとする事業者 ※ 登録開始日から納税義務の免除の規定の適用を受けないこととなります。

	個 人 番 号		
事業内容等	生 年 月 日（個人）又 は 設 立年 月 日（法人）	1明治・2大正・3昭和・4平成 ⑤令和 6 年 5 月 9 日	法人のみ記載 事 業 年 度 自 4 月 1 日 至 3 月 31 日 資 本 金 5,000,000 円
	事 業 内 容	不動産	登録希望日 令和 6 年 7 月 1 日

	□ 消費税課税事業者（選択）届出書を提出し、納税義務の免除の規定の適用を受けないこととなる翌課税期間の初日から登録を受けようとする事業者 ※ この場合、翌課税期間の初日から起算して15日前の日までにこの申請書を提出する必要があります。	翌課税期間の初日 令和 年 月 日

□ 上記以外の免税事業者

登録要件の確認	課税事業者です。 ※ この申請書を提出する時点において、免税事業者であっても、「免税事業者の確認」欄のいずれかの事業者に該当する場合は、「はい」を選択してください。	☑ はい □ いいえ
	納税管理人を定める必要のない事業者です。 （「いいえ」の場合は、次の質問にも答えてください。）	☑ はい □ いいえ
	納税管理人を定めなければならない場合（国税通則法第117条第1項） 【個人事業者】 国内に住所及び居所（事務所及び事業所を除く。）を有せず、又は有しないこととなる場合 【法 人】 国内に本店又は主たる事務所を有しない法人で、国内にその事務所及び事業所を有せず、又は有しないこととなる場合	
	納税管理人の届出をしています。 「はい」の場合は、消費税納税管理人届出書の提出日を記載してください。 [消費税納税管理人届出書 （提出日：令和 年 月 日）]	□ はい □ いいえ
	消費税法に違反して罰金以上の刑に処せられたことはありません。 （「いいえ」の場合は、次の質問にも答えてください。）	☑ はい □ いいえ
	その執行を終わり、又は執行を受けることがなくなった日から2年を経過しています。	□ はい □ いいえ

相続による事業承継の確認	相続により適格請求書発行事業者の事業を承継しました。 （「はい」の場合は、以下の事項を記載してください。）		□ はい □ いいえ	
	適格請求書発行事業者の死亡届出書	提出年月日 令和 年 月 日	提出先税務署	税務署
	被相続人	死亡年月日 令和 年 月 日		
		（フリガナ） 納 税 地 （〒 − ）		
		（フリガナ） 氏 名		
		登 録 番 号 T		
参考事項				

Q 法人成りで節税対策を検討しているのですが、経営を法人形態で行うメリットはどのようなことなのでしょうか。法人設立のデメリットについても教えてください。

A アパートや民泊経営を行う場合には、株式会社や合同会社などの法人を設立する方法（法人成り）があります。法人には、法人税、住民税、事業税が課せられます。事業規模が大きくなれば、法人成りにより節税効果が得られることもあります。所得税は累進課税方式であるため所得の額に応じて税率が変わります。一方、法人税は、一定の中小企業には軽減税率の特例がありますが、基本的に一律同じ税率が適用されます。また、所得税と比較して税率が低いのも法人成りを行うメリットのひとつです。さらに、所得税の青色申告では純損失を３年間にわたり繰延控除することができますが、法人税の青色申告では欠損金を10年間（平成30年３月31日以前に開始する事業年度で生じた損失については９年間）にわたり繰越控除することができます。

法人成りをした場合、設立した会社から役員報酬を受け取る形をとります。事業の儲けには法人税率が適用され、社長自身は給与所得者となります。給与所得には給与所得控除という所得から控除される金額があるため、受け取った役員報酬からいくらか減額されたものに対して所得税が課税されることになります。なお、不動産所得で赤字が予想されており、他の所得では黒字があるというような場合には、所得税の損益通算（96ページ）が利用できるため、法人成りしないほうが節税できるケースもあります。

● **設立手続きの流れ**

株式会社や合同会社などを設立するためには、一定の人とお金を集め、団体としての会社の実体を作り、登記をすることが必要です。団体としての会社の実体は、定款（会社の根本規則）の作成、出資者の

確定、機関の設置、会社財産の形成などによってできあがります。

　定款に掲げられた設立の目的に賛同した人が出資者となり、その資金を使って、取締役などの組織の運営者が、その目的達成のために活動するのです。そして、設立登記（会社の設立を広く一般に公示する手段）が必要になります。

●法人を設立する際の注意点

　設立された法人は、個人とは別に法律的に独立した存在です。社長から見れば私財を投じて作った自分のものであるという印象をもってしまいがちですが、法人名義の資産を私物化することはできません。反対に個人の所有資産を事業へ投じる場合もあるかもしれませんが、このような会社と個人との間で財産を融通し合う行為には注意が必要です。これらの行為は会社への寄附や社長への報酬と判断され、思わぬ所に課税されてしまうこともあるからです。会社と個人の間ではお金の動きを明確にしておく必要があります。

　法人成りした場合、社長の役員報酬をいくらに設定するのかという

■ 設立手続きの流れ（株式会社の場合）……………………………………

定款の作成
発起人が定款を作成し、公証人の認証を受ける

株式の引受・払込み
発起人は株式を引き受け、引き受けた株式について出資の払込みをする

役員の選任
発起人が役員（取締役など）を選任する。定款であらかじめ役員を定めていれば、選任手続きは不要

役員による調査
役員が会社の設立手続に法令違反などがないかをチェックする

設立の登記

ことも節税対策の重要なポイントとなってきます。役員報酬の支給額によって利益が変動し、税の負担も変わってくるからです。支給額を決める判断材料として、過去の実績などを参考に1年間の収入や経費などをシミュレーションしてみる必要があります。

　中には「設立当初はしばらく様子を見て、決算のメドがついてから後で報酬を決めよう」などと考える人がいるかもしれません。しかし、法人の場合、事後的に都合のよい報酬金額を決めることはできません。法人税法上、役員報酬として認められる支給方法は、「定期同額給与」または「事前確定届出給与」に該当するものだけです。他にも「業績連動給与」と呼ばれるものがありますが、小規模な法人には基本的に適用されません。これら以外の役員報酬を支給した場合は「損金不算入」となり、税務上は経費として認められず、その年の儲けに加算して税金が課せられることになります。

　定期同額給与とは、たとえば月給制で毎月固定した金額を支給する場合など、1か月以下の一定期間ごとに同じ金額を支給する給与をいいます。定期同額給与の金額を変更できるのは、原則として、期首から3か月以内に一度だけです。つまり、決算後の定期株主総会などの時期に支給額を変更することが認められます。ただし、社長交代など役員の職制上の地位変更や業績悪化に伴う報酬改定については例外的に経費と認められます。無利息や低利率での金銭の貸付、低い家賃での社宅の提供など、金銭以外の「現物給与」とみなされる支給も、月

■ 定期同額給与と事前確定届出給与 ･･････････････････････････････････

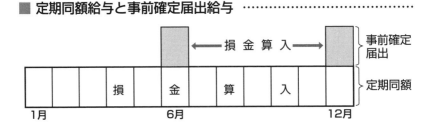

額がおおむね一定であれば、定期同額給与として認められます。

　事前確定届出給与とは、事前に税務署に届け出た額を支給する給与をいいます。役員賞与などがこれに該当します。事前確定届出給与は、株主総会等で支給額を決議してから1か月以内、または期首から4か月以内のうちいずれか早い日までに届出が必要です。

　以上の税法上の役員報酬の要件をクリアしたとしても、不相応に高額な報酬であれば経費として認められない場合もあるため注意する必要があります。

●法人設立のデメリット

　一方、法人設立のデメリットとしては、以下の点があります。

　個人が所有していたアパートやマンションを法人の所有にするため、個人に対しては不動産の譲渡に伴う所得税が発生する場合があります。また、法人に対しては不動産の取得に伴う不動産取得税が発生します。法人には社会保険の加入義務も生じるため注意が必要です。

　このように、法人設立は相続税の対策となる一方で、他の税金などが生じますので、慎重に検討しなければなりません。

■ 法人設立のメリット …………………………………………………

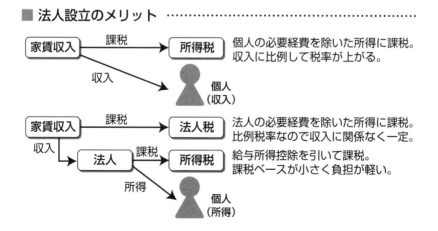

Q アパートやマンションを経営するオーナーにとって相続は重要な関心事のひとつです。法人を設立した場合、不動産の所有者は「法人」ということになるわけですが、相続税の扱いはどうなるのでしょうか。

A 株式会社の場合、オーナー社長の相続人が会社の株式を相続することになります。株式も財産ですから、不動産と同様に相続税法上の評価額を計算します。会社が不動産を保有している場合は株式評価の一環として不動産を評価することになります。たとえば、簡単なイメージですが評価額5,000万円の不動産を会社が所有している場合、他の資産や負債がなければ、株式評価額も5,000万円ということになります。株価は一株単位で計算しますので、1,000株発行していたとすると一株あたり5万円（5,000万円÷1,000株）という評価額になります。

このように、法人設立によって相続する不動産の評価が大きく変わるわけではありませんが、不動産が株式に変わることで相続財産の分割や次世代への移転が容易になるということができるかもしれません。また、財産の移転方法としては、子どもに役職を与えて役員報酬を支給することも考えられます。報酬として支給する現金には贈与税はかかりませんので、生前贈与を円滑に行うことが可能になります。これに適した法人の活用法として、不動産管理会社を設立する方法があります。相続人となる子どもなどの出資で、不動産のメンテナンスや家賃の回収などの管理業務を行う会社を設立します。オーナーは不動産で得た収入から管理会社へ管理費を支払います。これにより、収入が分散され、オーナーが保有する相続財産の増加を抑制すると共に、相続人となる子どもの側でも相続税の納税資金を確保することができます。

法人を設立することでオーナー1人に集中していた財産を合理的に分散させることが可能になるわけです。

4 法人・個人間の土地賃貸についてこれだけはおさえておこう

権利金の認定課税に注意する

■■ 権利金の認定課税とは

　他人が所有する土地の上に建物を建てた場合、その人から土地を借りているということになります。借りている側には「借地権」という権利が発生します。通常はこの権利に対して対価が支払われます。会社がその社長から無償で土地を借りた場合、権利金相当の利益を受け取ったとみなされ法人税が課税されることになります。反対に会社名義の土地を社長が無償で借りた場合も、社長は会社から利益を受け取ったとみなされ、役員報酬として所得税が課税されます。

　このような、権利金を無償にしたという事実に対する課税を権利金の認定課税といいます。

　認定課税されないための方法は2つあります。借地権設定の契約書に無償返還を記載の上で「土地の無償返還に関する届出書」を税務署へ提出する方法です。次に、「相当の地代」を支払う方法です。

■ 権利金の認定課税を避けるための方法 ……………………………

土地の無償返還に関する届出書を提出 ➡
- ■借り手は課税されない（権利金の認定課税を避けられる）
- ■貸し手にとってのメリットは、相続税法上の土地評価において更地の価格の8割での評価となる

相当の地代を支払う ➡
権利金の価値相当分も含まれた対価を支払っている（無償で利益を受けたことにならない）

■■ 土地の無償返還に関する届出書を提出した場合の取扱い

「土地の無償返還に関する届出書」を提出した場合の取扱いは、社長が所有する土地を会社が借りる場合と、逆に会社が所有する土地を社長が借りる場合があります。

・社長が所有する土地を会社が借りる場合

会社には権利金相当の受贈益は課税されません。相続税法上、社長個人の土地の評価は、その土地の利用に制約があることから更地の価格の8割での評価となります。なお、会社の株価の計算上、残りの2割が会社の借地権ということになります。

ただし、地代が極端に少なく固定資産税程度であったり、またはゼロであった場合には「使用貸借」といい、会社の借地権の評価はゼロとなります。所有者である社長の相続税法上の土地の評価は減額せずに10割で評価することになります。

・会社が所有する土地を社長が借りる場合

会社の株価の計算上、会社は更地価格の8割で土地を評価します。社長の相続税の計算上、借地権はこの場合ゼロとなります。

■■ 相当の地代をとる場合の取扱い

賃借人が賃貸人に対して、通常の地代の対価ではなく、権利金を含んだ「相当の地代」を支払っている場合、権利金の認定課税はされません。相当の地代の年額は、通常の地代より高めの設定となっており、更地価格の6％程度となっています。更地価格は、時価ということになりますが、類似した土地の公示価格から合理的に算出された価格や、相続税評価額またはその評価額の過去3年間の平均金額なども認められています。また、地代を計算する際に地価の変動を見直す場合には、一定の届出をすることにより、改訂方式により計算することができます。届出を行わなかった場合は地価の変動を反映させない据置方式となります。

社長がその所有する土地の相当の地代を会社から受けとる場合、株価の計算上、更地の2割の価格が借地権として評価されます。一方、社長の相続税法上の土地の評価額は、更地価格の8割となります。

　会社が社長から相当の地代を受けとる場合は、社長の借地権の評価額はゼロで、株価の計算上会社の土地の評価額は更地価格の8割となります。

　なお、相当の地代に満たないときは原則として権利金の認定課税がされることになります。借地人は、以下の算式により計算した金額を、借地権価額として評価します。

自用地価額×借地権割合×｛1-（実際の地代年額-通常の地代年額）／（相当の地代年額-通常の地代年額）｝

　「自用地価額」とは、更地で評価した場合の価額のことをいいます。「通常の地代年額」とは周辺の地代相場ということになりますが、一般的には「過去3年の自用地価額×（1-借地権割合）×6％」で算定されます。

　一方、土地所有者の貸地の評価額は、自用地価額から上記算式で計算された借地権価額を差し引いた残額となります。

　これらの借地権、貸地の評価額は、会社の株価の評価又は個人の相続財産の評価に加わります。

　借地人が法人の場合、相当の地代に満たない部分は受贈益として認定されます。同時に地代という費用も認定されるため、差し引きゼロとなり、課税はされません。

　借地人が個人である社長の場合、相当の地代に満たない部分は会社から社長への役員報酬として認定されます。満たない金額が毎月同額であれば「定期同額給与」として損金に算入されますが、それ以外であれば損金不算入となり、法人税が課税されます。

法人・個人間取引についてのその他のポイントを知っておこう

取引は時価で行う

■■ 役員と会社の取引

　オーナー会社の場合、実際には社長と会社との間で売買取引が行われることもあります。ここで取引金額をいくらにするかという点が問題になってきます。会社は社長の意のままになるわけですが、税務上はそういうわけにはいきません。税金を逃れる行為を防ぐため、通常とはかけ離れた価格設定をした場合、その差額の得をした部分については、「免除した」または「上乗せした」とみなされ、課税されることになります。通常の価格とは、一般的に市場で取引されている時価をいいます。したがって、役員と会社との取引は基本的に時価で行うのが望ましいといえます。

■■ 不動産の売買

　不動産を会社と役員で売買した場合として、①会社から社長へ時価より低い価格で譲渡した場合、②社長から会社へ時価より低い価格で譲渡した場合、③社長から会社へ時価より高い価格で買い取らせた場合の3つのケースが考えられます。それぞれ税務上は以下のような取扱いになります。

①　会社から社長へ時価より低い価格で譲渡した場合

　時価の価格との差額は社長への給与として所得税が課せられます。たとえば時価1,000万円の土地を会社が300万円で社長に譲渡した場合、差額の700万円は社長の役員報酬となります。また、この土地の購入原価が200万円であった場合、売却益が発生します。これも実際の取引価格ではなく、時価1,000万円－200万円＝800万円が会社側の土地

売却益となります（売却費用については省略。以下同じ）。

② 社長から会社へ時価より低い価格で譲渡した場合

　時価との差額は会社の「受贈益」として収入の扱いになり、法人税が課せられます。たとえば時価1,000万円の土地を社長が会社へ300万円で譲渡した場合、差額の700万円は、会社の受贈益となります。土地の帳簿価額を1,000万円で計上し、対価との差額は受贈益として処理します。土地の購入原価が200万円であった場合、土地の売却益は1,000万円－200万円＝800万円となります。これは譲渡所得として、社長側に所得税が課せられます。

③ 社長から会社へ時価より高い価格で買い取らせた場合

　時価との差額は社長の役員報酬として、所得税が課せられます。たとえば時価1,000万円の土地を社長が会社へ1,700万円で譲渡した場合、差額の700万円は社長への役員報酬となります。時価1,000万円と土地の購入原価との差額部分は譲渡所得となります。譲渡所得も給与所得も社長に所得税が課税されることに変わりはありませんが、課税方法に以下のように違いがあります。

　通常の土地の売買取引は譲渡所得です。譲渡所得は分離課税であるため、給与所得などの他の所得とは切り離して計算し、取引の内容によって異なりますが、比較的低い税率が適用されます。ところが役員報酬とみなされ給与所得となった場合、これ以外の実際に受け取った役員報酬やその他の所得と合算されてしまい、所得に応じて高くなる超過累進税率が適用されるため、負担すべき所得税も増えてしまう可能性があります。余分に課税されないための対策として、時価で取引を行ったことが証明できるように、不動産鑑定士の鑑定書など客観的な資料をそろえておきましょう。

▌▌金銭貸借の注意点

　会社から個人へお金を貸した場合、無利息や低い利率であれば、利

息を免除したとみなされ、通常収受すべき利息との差額はその個人の給与として所得税が課税されます。通常収受すべき利息とは、「各年の前年の12月15日までに財務大臣が公示する割合（銀行が行った短期貸付の平均利率に基づく）＋1％」で計算します。会社に他の金融機関からの借入がある場合は、借入金の平均残高における利息の占める割合などから合理的に算出された「平均調達金利」で計算できます。

　なお、災害、疾病などの理由で、役員や社員の臨時的な資金難によりお金を貸した場合や、免除した利息の額が年間5,000円以下の場合など、一定の場合については所得税は課税されません。

　個人から会社へお金を貸した場合、無利息であっても会社に法人税は課税されません。厳密にいえば、利息を免除した事による「免除益」と、「支払利息」の両方が発生していますが、収入と費用が同額であるため、課税部分はゼロということになります。

■■ 現物出資をする場合の注意点

　株式会社の設立や新株発行の際、金銭以外の資産を投資することを「現物出資」といいます。現物出資の場合、資産の譲渡対価として株式が交付されます。したがって売買取引と同じく、現物出資として提供した資産の購入原価と、現物出資後の株価×取得した株式数が釣り合わなかった場合に、課税関係が生じることになります。上場していない会社の株価は、相続税における評価方法を利用して算定します。つまり、個人が提供した資産の購入原価より株価が上回った場合、その差額はその個人の譲渡所得として所得税が課税されます。

　なお、譲渡対価としての株価が資産の時価より著しく低かった場合についても、会社に都合のよい価格で譲渡したとして、税務上は時価で出資したとみなされます。この場合、時価の2分の1未満であれば、著しく低い価格と判断されます。

6 法人税を計算してみる

税率や欠損金の処理などポイントをつかむ

■■ どのような税金なのか

　法人税とは、株式会社などの法人が事業年度（通常は１年間）において稼いだ利益（所得）に対して課税される国税です。つまり、法人の利益（所得）を基準として法人に課される税金であり、広い意味での所得税の一種です。

　個人の所得に対して課される税金を所得税といい、法人の利益（所得）に対して課される税金を法人税というわけです。

■■ 法人税の計算例と繰越欠損金の取扱い

　会社は会社法や会計ルールに基づいて、お金の動きを帳簿に記録し、事業年度ごとの決算で１年間の損益を計算する義務があります。法人税は、この決算処理後の当期利益を法人の所得として課税します。

　ただし、会計の考え方と税法の考え方に相違があり、税法上は収入

■ 法人税と所得税の違い

法 人 税 …… 法人の所得に対して課税される税金

- ・計算対象期間は事業年度の期間
- ・一定税率
- ・申告期限は事業年度終了の日の翌日から２か月以内

所 得 税 …… 個人の所得に対して課税される税金

- ・計算対象期間は１暦年（1/1〜12/31）の期間
- ・超過累進税率
- ・申告期限は翌年の２月16日から３月15日

や経費として認められないものや、税法上の特例などにより利益から特別に除外して課税されないものも中にはあります。このような違いについては、損益計算書の税引前当期純利益から個別に加えたり差し引いて調整し、法人税法上の所得（課税所得）を計算していきます。

　法人税上は収益を「益金」、仕入や費用を「損金」といいます。調整項目としては「税法上費用として認められないもの」「税法上費用にしてよいもの」「収益に含めなければならないもの」「収益に含めなくてよいもの」の4つがあり、それぞれ「損金不算入」「損金算入」「益金算入」「益金不算入」といいます。

　「損金不算入」と「益金算入」は、所得を増やす効果があるため税金が増える性質の調整です。一方、「損金算入」と「益金不算入」は反対に税金を減らす性質の調整です。実務上重要となる調整は「損金不算入」項目です。主な例として法人税、住民税、罰金、一定額以上の寄附金や交際費、税務上認められない役員報酬などが挙げられます。

　会社の法人税率は、所得金額の23.2％（地方法人税率を含めると約25.6％）です。ただし、中小法人等の場合、年800万円以下の部分については15％（過去3年の平均所得金額が15億円を超えている場合は19％）の軽減税率が適用されます。この税率は、令和7年3月31日までの間に開始する事業年度について適用されます。なお、中小法人等とは、資本金1億円以下で、かつ資本金5億円以上の大法人との完全支配関係がない法人等をいいます。

　軽減税率が適用される場合、法人税の計算は以下のようになります。

・所得金額が1,200万円の場合

①　800万×15％＝120万

②　（1,200万－800万）×23.2％＝92万8,000円

③　①＋②＝212万8,000円

　所得金額がなく、反対にマイナスになってしまった場合は当然課税されません。このマイナスのことを税法上欠損金といいます。欠損金

が出た場合、翌期以降の所得から差し引くことができます。たとえば前期は欠損金100万円、当期は所得金額が120万円であった場合、当期の法人所得は120万円−100万円＝20万円となります。この欠損金は10年間（平成30年3月31日以前に開始する事業年度において生ずる欠損金は9年間）有効なので、当期の所得からも控除しきれず欠損金が余っても、翌期以降に繰り越して使うことができます。この繰り越された欠損金を繰越欠損金といいます。ただし、中小法人等を除き、平成30年4月1日以降開始する事業年度で発生した所得から控除できる金額は、黒字の事業年度の所得の50％までに限られています。

　さらに、中小法人等については、法人税を納付した翌期に欠損金が出た場合、既に納めた法人税が還付される欠損金の繰戻し還付という制度もあります。

■ **申告期限** ‥‥‥‥‥‥‥‥‥‥‥‥‥‥‥‥‥‥‥‥‥‥‥‥‥‥‥‥‥‥‥‥

■ **課税所得の計算方法** ‥‥‥‥‥‥‥‥‥‥‥‥‥‥‥‥‥‥‥‥‥‥‥‥‥‥‥

■■ 不動産売買益を含めて計算する

　個人の所得税の計算では、不動産や株式を売却した場合「分離課税」という計算方法を採り、本業の所得とは切り離して計算します。これは所得税が所得金額に応じて税率が上がる構造のため、臨時に行った取引による税負担を増やさないようにするためです。

　一方、法人税の税率は、所得金額に対して原則として一律（前ページ）です。そこで、本業も臨時の取引も同じように取り扱われるため、不動産売買による利益も所得に含めて計算します。

　ただし、市町村等に土地を収用され、お金を受け取った場合については、最高5,000万円までの特別控除の制度があり、売却益相当額を所得から差し引くことができます。

　この他に、不動産を買い換え、交換した場合などに得た売却益については、一定金額を減額できる圧縮記帳という制度があります。収用については、前述（83ページ）の特別控除との2つの方法から選択して適用できます。圧縮記帳とは、買換えなどで新しく取得した資産の帳簿価額（簿価）を圧縮することです。簿価を下げることで売却益を抑える効果がありますが、取得原価と時価がかけ離れた金額になるため、将来売却する際に税金を負担することになります。

■■ 法人事業税と法人住民税

　法人事業税とは、法人の事業所が置かれている都道府県に支払う地方税のことです。そのため、各都道府県によって税率の違いがあります。税額の計算式は、法人の「所得」に法人事業税の税率を乗じて法人事業税額を算出するものになっています。法人住民税とは、①道府県民税と、②市町村民税の2つの地方税のことです。事業所が置かれる都道府県および市町村に支払う必要があります。法人税以外の税金として、基本的にこれら2つの税金も発生します。

▦ 法人事業税の具体的な計算例

　法人事業税は、業種、資本金額などにより計算方法が異なります。ここでは、不動産業を営む資本金1億円以下の普通法人について説明していきます。

　法人事業税は、法人税の申告書に記載した所得金額を使って計算します。法人事業税の標準税率は、所得金額400万円以下の部分に対し3.5%、400万円超800万円以下の部分に対し5.3%、800万円超の部分に対し7.0%です。

　たとえば年間の所得金額が1,500万円であったとすると、納付すべき事業税額の計算は以下のようになります。

① 　400万×3.5%＝14万円

② 　400万×5.3%＝21万2,000円

③ 　（1,500万－800万）×7.0%＝49万円

④ 　①＋②＋③＝84万2,000円

▦ 法人住民税の具体的な計算例

　法人住民税は、黒字や赤字を問わずに資本金や従業員数等に応じて課税される均等割と、所得に応じて課税される法人税割があります。

　均等割は、たとえば、資本金が1,000万円超1億円以下で、従業員が50人以下の場合には、道府県民税は50,000円、市町村民税は130,000円が課税されます。法人税割は、法人税額に税率を掛けて計算します。道府県民税は1.0%、市町村民税は6.0%（資本金1億円以下、法人税が1,000万円以下の法人の標準税率の場合）が課税されます。たとえば、法人税額が500万円であったとすると、道府県民税は500万×1.0%＝5万円、市町村民税は500万×6.0%＝30万円となります。たとえば、法人税額が500万円であったとすると、道府県民税は500万×1.0%＝5万円、市町村民税は500万×6.0%＝30万円となります。

【監修者紹介】
武田　守（たけだ　まもる）
1974年生まれ。東京都出身。公認会計士・税理士。
慶應義塾大学卒業後、中央青山監査法人、太陽有限責任監査法人、上場会社勤務等を経て、武田守公認会計士・税理士事務所を開設。
これまで、不動産事業会社を始めとする会計監査、上場準備会社向けのIPOコンサルティング業務、不動産経理や税務申告実務等に従事。住宅建設・販売会社、賃貸仲介会社、不動産SPCなど、実務で扱った不動産事業会社の対象サービスは広範囲に及ぶ。
著作として『株式上場準備の実務』（中央経済社、共著）、『入門図解 会社の終わらせ方・譲り方【解散清算・事業承継・M＆A】の法律と手続き実践マニュアル』『図解で早わかり 会計の基本と実務』『個人開業・青色申告の基本と手続き 実践マニュアル』『図解で早わかり 会社の税金』『事業再編・M＆A【合併・会社分割・事業譲渡】の法律と手続き』『すぐに役立つ 相続登記・相続税・事業承継の法律と書式』『身内が亡くなったときの届出と法律手続き』『すぐに役立つ 空き家をめぐる法律と税金』『図解で早わかり 税金の基本と実務』『入門図解 電子帳簿保存法対応 経理の基本と実務マニュアル』『入門図解 法人税のしくみと法人税申告書の書き方』『小さな事業者【個人事業主・小規模企業】のための法律と税金 実務マニュアル』（小社刊）などがある。

すぐに役立つ
知っておきたい
最新　不動産の売買・保有・賃貸・相続のための
税金の基本

2024年6月20日　第1刷発行

監修者	武田守
発行者	前田俊秀
発行所	株式会社三修社
	〒150-0001　東京都渋谷区神宮前2-2-22
	TEL　03-3405-4511　FAX　03-3405-4522
	振替　00190-9-72758
	https://www.sanshusha.co.jp
印刷所	萩原印刷株式会社
製本所	牧製本印刷株式会社

©2024 M. Takeda Printed in Japan
ISBN978-4-384-04941-1 C2032